一発記憶！超高速勉強法2

図解

THE ADVANCED SUPERHIGH SPEED LEARNING

椋木修三
OSAMI MUKUNOKI

経済界

はじめに

今、皆さんは、まさに自分の人生を創造している過程にあります。「勉強をしよう」「資格を取ろう」となぜ思ったのかは知りませんが、引くに引けない何らかの事情があるのだろうと拝察します。

勉強は、決してラクな時ばかりではありません。

苦しい目に遭う勉強などしなくてもよいのにと思うのですが、「しよう」と決めたからには、もう迷っていてはいけないと思います。迷わず、自分自身を信じて、自分の道を歩むことです。

「そんなこと、言われなくてもわかっている。迷いなんかないよ」と言う方がいるかもしれません。そういう方は、この本を読む必要はありません。

この本は、迷いを持った人たちが読む本だからです。

ただ、「迷いなんかない」と言う方も、この本を手に取ったのは、自分の勉強や勉強法に何らかの迷いが生じたからではないでしょうか。

「何を、どのように、どこから、どうすればいいのか」

まずはそのあたりの迷いを整理するところから始めましょう。整理すると、心が軽くなります。心が軽くなれば、すぐにでも勉強に取りかかれるはずです。集中でき、成果が上がるはずです。

そう。勉強を始めたら、迷わないことが肝心なのです。ただただ前進のみです。うしろは振り返らないことです。

自分の人生をよりよく創造していきましょう。人生は有限でも、自分の「脳力」は無限です。やったら、やった分だけ報われます。

宮本武蔵は、「我事《われこと》において後悔せず」と言いました。

私は、それは嘘だと思っています。

人間は、自分の都合でものを考えます。都合の悪いことに出合えば、「あの時ああすればよかった」と必ず思うはずです。ですから、後悔のない人生なんてあり得ないと思うのです。どんな順風満帆《じゅんぷうまんぱん》な人生を歩んでいても、必ず後悔するはずなのです。

しかし、宮本武蔵は、たぶんそれを知っていたにもかかわらず、「我事において後悔せず」と言うのです。私は、そこに何か「別の考えもあるぞ」と課題を突きつけられたような感じを抱いてもいます。

勉強が報われる人生を深く味わったなら、武蔵がいったような「後悔せず」の人生に近づくことができるのかもしれません。

この本が、あなたの人生を豊かにする一冊になればと願って、気持ちを込めて書いてみました。きっと、何らかの形でお役に立つと思います。

皆さんが、よりよい豊かな人生を得られるよう、心を込めて、本書を贈ります。

椋木《むくのき》　修三《おさみ》

目次 ＊ 一発記憶！【図解】超高速勉強法

2章 「一発記憶」を始めよう

3章 「試験得点力」が面白いほど高まる

4章　「独学革命」効率はまだ倍加する！

5章 「学校系」を最大活用するために

6章　疲れない頭に変わる「幸福勉強法」

装幀／日下　充典

1章

「意志の弱さ」は壁ではない!

How to effectively study

1

「熱中力」を速効で育てる

「合格勉強法」の発見

新年度の四月から、私はにわかに忙しくなってきます。企業研修の講師の仕事が入ってくるからです。

研修のテーマは、おもに「社員の意識改革」や「部下の育成法」です。もっぱら意欲、やる気、モチベーション（動機づけ）アップに力点を置いています。

特に最近、力を入れているのがコーチングです。

コーチングは、部下育成法の一つとして注目され、導入企業が増えている自己改善技法です。私は、社員の意識改革でも、このコーチング理論をベースにしています。また、勉強法にも大いに使っています。

コーチングは、上司と部下の目線の位置を同じにして、部下の意欲や能力を引き出します。従来の、トップダウン式で上から下へ「ああせい、こうせい」と命令、指示を出し、指導していくやり方とは、まったく違います。

従来の方法は、強いリーダーシップを発揮する上では非常に有効なのですが、へたをすると、部下の自主性や自発性がそこなわれる危険性もはらんでいます。「言われたことはやるが、それ以上のことはしない」社員をつくりかねないのです。

会社は「みずから仕事を見つける自主性、自発性のある社員」を求めています。人から言われてやる社員は、いらないというのです。

今、「格差社会」が問題になっていますが、私は「意識の格差」も進んでいるように思います。すなわち、「自分で仕事を見つけ出す人」と「言われなければできない人」の格差です。

コーチングは、そういう意識格差を少なくする技法だと思うのです。

さて、前置きが長くなりました。

私は、「勉強」もまた同じだと思っています。

「言われて勉強する人」と「言われなくても勉強する人」との差は、その後の展開が大きく変わっていくように思います。「言われなくても勉強する人」のほうが、試験に合格する確率は高いようなのです。

なぜでしょうか。

合格する人は、勉強する過程で、「自分流の勉強法」を自然に身につけているからです。勉強法が確立しているので、困難にぶつかっても克服が容易です。そもそも、困難を克服しながら、自分流の勉強法を確立させたのですから。

勉強法は本来、自分で見つけ出すものだと私は思います。それを見つけ出したとき、「自分の意識改革」「自分の育成」にも成功していることでしょう。

「モヤモヤ状態」から完全に抜け出せ

私は一流の大学を出ているわけでもなく、特定の分野の専門知識があるわけでもありません。ですから、相談に来られる人に「ああせい、こうせい」と勉強の中身について教えることはできません。

できることは、「勉強コーチング」です。同じ目線で、一緒に勉強のし方を考えることです。

「あなたはどうしたいの」

「どうしたらうまくいくと思う?」

「どこまでやれそうかな」

「何をどこまでやる？」

「今、どんな状況？」

などといった問いかけをし、一緒に考え、悩み、答えを整理していくのです。こうすると、頭の中が整理され、モヤモヤしたものが消え、

「私はこうしたい」

「こうしたらうまくいくね」

「私はここまでやれるぞ」

などと、自分で結論を出していけるわけです。

こうなると強いですね。「勉強しろ」なんて言わなくても、自分で勉強を組み立てていきますから、いやでも力《パワー》が出ます。

私の勉強コーチングは、基本的にはこんなやり方です。本書も、それに準じて進めていこうと思っています。

ですが、本を通してですから、私とあなたでの双方向の対話ができません。そこで、一方通行にならないように、お願いがあります。

これから、現在のあなたの勉強への取り組み方についてうかがいます。

「今、自分はどこにいるのか」
「今、何ができていて、何ができていないのか」
「今の自分の課題は何なのか」
などです。これらは、「現在の自分の位置」を知り、「自分の課題」を探す上でとても重要です。

自分の課題がわかったら、その課題を克服するヒントが本書にありますので、それを探すべく「目次」にもどってほしいのです。

つまり「本書を全部読む必要はない」ということです。

自分にとって必要な情報《ヒント》だけをつかめばそれでいいという割り切り方で本書とつき合っていただきたい、ということです（余談ですが、これも本の読み方の一つであり、つまりは勉強法の一つであることを知っておいてください）。

課題の発見上手になる

次ページの図を見てください。二つの質問があります。

「現在の自分の勉強状況」は、いわば現在の取り組み方です。

◎自分の課題

（　　　年　　　月　　　日現在）

●現在の自分の勉強状況（ありのままを書き出すこと）

・
・
・
・
・
・
・
・
・
・

●自分の課題（理想を書くとよい）

・
・
・
・
・
・
・
・
・
・

※書き切れないときは別の用紙に書き出すこと

・勉強する科目と種類
・その一つ一つの科目に対しての進捗《しんちょく》状況
・どれが進んでいて、どれが進んでいないのか
・進まない原因は何か
・その科目に対してどうしたいのか
・どうすればいいのか

などを書ける範囲で書いてみてください。スペースが足りなければ、別に用紙を用意して、書き出すとよいです。

書き出してみると、問題点が見えてくるはずです。問題点があやふやなまま勉強を進めていても効率が悪くなるばかりです。それどころか、意欲すら失ないかねません。

まずは、「自分の現状」を、よくも悪くも見きわめることです。そうすれば、必然的に、「では、具体的にどうしたらいいか」が見えてくるはずです。

それが、その下の「自分の課題」です。

・何をどうしたいのか
・何をいつまでにしたいのか
・何をどうしたらうまくいくのか

などをベースに考えていくと「課題」は出てくるはずです。

面倒でも、ちゃんと書き出してください。

たとえば「英語力を上げたい」ではだめなのです。「TOEIC（国際コミュニケーション英語能力テスト）で△△△点以上をとる。そのためには、第一に単語力をつけたい。第二には文法力をつけたい」などと考え、「単語力をつけるためには、教材は△△を使う。そして△月△日までにやる」というように決めます。

課題を決め、自分に課すのです。

課題は同時に「目標」になります。

こうなると、「よしやるぞ」とエンジンがかかり始めます。

意識の高い人は、この課題を見つけるのが非常にうまいのです。課題を自分で見つけ、それに挑戦する人は、間違いなく実績を積み上げていきます。これは勉強に限らず、仕事においても同じことがいえます。

あなたは何に「ぶつかっている」のか

さて、今までの私の経験で申し上げますと、「課題」には、一般的に次のような種類があるものです。

・記憶の問題――おぼえられない
・成果の問題――点数が伸びない
・精神的な問題――受かるかどうかの不安
・体調の問題――体調不良
・環境の問題――集中できない
・習慣の問題――長続きしない
・計画の問題――計画通り進まない
・勉強法そのものの問題――やり方がわからない
・試験直前の問題――何をしたらいいのか
・能力の問題――まただめかも
・目標の問題――本当にこれでいいのか
・友人の問題――人がうらやましい
・集中の問題――気が散ってしまう
・独学の問題――やはり独学は限界があるか

などです。詳しくは次章よりお話していきますが、ご自分の課題を見比べて、自分はどの問題にぶつかっているのかを見つけていただきたいのです。

そうして「目次」にもどってください。自分の問題解決（課題克服）のヒントが何かしらあると思いますので、まずはそのページをめくってください。必要ではないページは捨てる（読まない）ことです。

「解決サイクル」に入ろう

事業を展開していく上で有名な「ＰＤＣＡサイクル」というのがあります。
・Ｐ（Plan）――計画、目標を立てる
・Ｄ（Do）――計画を実行する
・Ｃ（Check）――計画通り進んでいるかを点検する
・Ａ（Action）――点検したあと再び行動する
このＰＤＣＡサイクルは、組織、個人の行動展開にも幅広く応用されています。

勉強法でもそうです。

私のところで勉強コーチングを受ける人は、最初は「どう勉強したらいいか」「何からしていいか」などの問題を抱えて、足しげく来られます。でも、やがて月一～二回のペースになります。これは、自分自身の勉強法が整理、確立されていくからです。課題を自主的に解決できるようになるわけです。

そうなりますと、私の存在理由はなくなるはずです。ところが、みなさん、月一回は必ず来られます。

なぜでしょうか。

その頃になると、私は、江戸幕府の職名でいうと「大目付《おおめつけ》」になるからです。つまり私は、みなさん自身が課題をどこまで発見、解決しているかをチェックするのです。

「PDCAサイクル」のC（点検）です。

このチェックがないと、計画がどこまで進み、また何が遅れているのか、何ができていないのかがわかりません。私は、その「大目付」の役目を果たすわけです。大目付のチェックを受ければ、心機一転、新たな気持ちで勉強に取り組めるようになるわけです。

これを一カ月単位とか半月単位とかで確実にやっている人は、確実に自分の課題をクリアし、成果を上げていきます。

ただ、読者であるあなたに対しては、私は直接の「大目付」になれません。大変申しわけありませんが、ご自分で大目付（チェック）をやってください。次ページの図のように、いわば、「セルフコーチング」をするのです。

◎自己チェックと新課題

●前回の課題を実行した結果
（できたこととできなかったことを記す）

・
・
・
・
・
・
・
・
・

●新たな課題（目標）――上記の結果から新たな課題を書く

・
・
・
・
・
・
・
・
・
・

※これを週単位もしくは月単位で行なうとよい

上の欄では、前回出した自分の課題に対して、「何ができたか」「何ができなかったか」を考査します。

そうしますと、そこから、下の欄の「新たな課題（目標）」が見えてきます。すると、「次のチェック日までに△△をする」というように、新しい目標（課題）を立てやすくなるのです。

こうして、再度自分の頭の中を整理します。

定期的に新しい課題（目標）を持つと、確実に成果が出てきます。お試しください。

自分に「必要なページ」の開き方

一つだけ注意することがあります。

それは、「大枠一〇〇点、各論八〇点」ということです。

会社の会議や、政治の世界では、よく「総論（大枠）賛成、各論反対」という現象が起こります。では、「大枠一〇〇点、各論八〇点」とは、どういうことでしょうか。

「大枠一〇〇点」というのは、自分で立てた目標や課題は、あくまでも一〇〇点満点を目ざしてがんばってほしいということです。やるからには自分の課題を一〇〇パーセント達成するつもりで取り組んでほしいのです。

しかし、そこには「現実」があるわけですから、一〇〇パーセント達成を目ざしても必ずできるとは限りません。

ですから、結果的に八〇パーセントできたら、万歳をしていいということです。私など、六〇～七〇パーセントもできれば十分だと思っていますので、八〇パーセントもできれば十分すぎるとさえ思うのです。

いわば「実行一〇〇パーセント、結果八〇パーセント」ということです。

中にはこう言う方がいるかもしれません。「結果的に八〇パーセントできればいいのなら、最初から一〇〇パーセントを目ざすのではなく、最初から八〇パーセントでいいではないか」と。

しかし、最初から八〇パーセントを目ざしていれば、結果は四〇～五〇パーセントのできで終わることが多いものです。これでは勝負にはならないでしょう。

というわけで、これで勝負する準備ができました。

さっそく「目次」にもどって、あなたに必要なページだけ開いてください。

2

「いやだ」を逆に利用せよ

「自分本位制」に立ちきる

笑い話のような本当の話です。

ある学生から相談を受けました。「これを持っていれば必ず合格する、というお守りを持っていたのに、大学入試に落ちた」というのです。私は聞きました。

「どんなふうに勉強したの」

「ぜんぜん勉強しなかった」

「なぜ?」

「だって、そのお守りを持っていれば必ず合格すると人が言うから、勉強しなくても大丈夫だと思った」

また、こんな学生もいました。

「成功イメージを描けば成功する、と人が言うので、一生懸命に成功イメージを描いた」

「で、勉強は？」

「しなかった」

「どうして？」

「成功イメージも描けないのに勉強しても無駄だと思ったから」

もう、おわかりですよね。

どんなお守りを持っていようとも、どんな成功イメージを描こうとも、「実《み》」のないことをしていれば、「実」のない結果になるのです。現実は正直です。奇跡で合格はしません。合格したのは合格するための勉強をした結果。不合格は不合格になるための勉強をした結果。それだけの話です。

その意味で、まさに「結果は自分の鏡」であるといえます。

たしか親鸞《しんらん》の言葉だったと思います。

「良薬あるといえども毒を食らうな」

どんなに効果のある薬を持っていようと、それに安心して毒を食らえば病気になるという意味です。当たり前といえば当たり前の話なのですが、意外と私たちはそういう過《あやま》ちをするものです。

自分の手の及ばないことに出会うと、人はよく「困ったときの神頼み」をします。

でも、どんな神様に頼んでも、親鸞の言う通り、毒を食らっていては結果は得られないのです。

「のに思考」を注意深く取り除く

試験には奇跡は起きません。

だから、困ったときにこそ、神頼みではなく「自分頼み」が重要だと思います。やったらやった分だけの結果が得られる、ということです。

そこは単純《シンプル》に考えたほうがよいと思います。合格するためには、合格するための勉強をしていけばいいのです。

なのに、私も含め、人はよく、こんなふうに考えるものです。

「あれだけやったのに、なぜだめだったんだ?」

「あと五分あれば全部できたのに」

「あそこさえ勉強していれば合格したのに」

こういうのを、「のに思考」といいます。「のに思考」では、人は退行こそすれ、進歩はしません。未練がましいし、愚痴タラタラですから、あとを引くのです。気をつけてください。みっともないのでやめたほうがいいと思います。

試験のあと、進歩発展をしていくには、気持ちの切り換えが重要です。失敗をいつまでも引きずると、勉強の停滞を招きます。勉強の停滞だけならまだしも、自分の能力の否定、自分の人格の否定まで招くことがあるので注意してください。

昔、大関だった貴ノ花（現貴乃花親方）がなかなか横綱になれなかったとき、インタビューでこう答えていたのを記憶しています。

「弱いから負けたんです」

言いわけなしです。名言だと思いました。

ただ「相撲が未熟」としているだけで、自分の能力を否定していないからです。ですから、この言葉のあとは、「とにかく強くなればいい」と前向きになります。

試験も同じです。

「自分がだめだから落ちた」のではなく、「勉強が足りなかったから落ちた」だけの話なのです。能力のなさでは決してありません。

「いや、そう言われても……私は人の何倍も勉強してきたのに」と言うかもしれませんが、それは自分が勝手にそう思っているだけです。

結果がすべてです。勉強量が足りなかったか、勉強のし方が悪かったか、です。そこは、ちゃんと認めたほうがいいと思います。認めたほうが逆に力は出せます。

締めから前向きが始まる

さあ、それでは前向きに考えることにしましょう。
そのためには、諦めることです。何を諦めるか?

①奇跡や神頼みを諦める
試験に奇跡は起きません。「天はみずから助くる者を助く」と言います。「合格するための勉強をした者だけが合格を得る」と思うことです。

②「のに」と過去を愚痴ることを諦める
愚痴ることは精神衛生上はとても大切ですが、それを引きずると前に進めません。「後悔は退行、反省は前進」とおぼえておきましょう。過去を反省する材料にすることはよいことですが、後悔はいけません。割り切りが必要です。

③「いやだ、いやだ」と駄々をこねることを諦める
いやならやめればいいのです。何も好きこのんで、いやなことをする必要はありません。

人生はたった一度です。好きなことをやればいいのです。

にもかかわらず、勉強をやめられないのはなぜか。そこに価値を見出しているからだと思います。ならば、駄々はこねないことです。自分が選んだ道なのですから、もうやるしかないのです。

④人をうらやむことを諦める

自分よりすぐれた人にあこがれることは、自己エネルギーを増強させます。しかし「あの人はいいよ」とうらやむことはやめたほうがいいと思います。自分の心をいじけさせて、逆にエネルギーを減退させます。「人は人、私は私」です。自分の能力を信じるほうに目を向けましょう。

ところで、諦めてはいけないものもあります。

それは何か？　言うまでもありません。

①合格するまでやり通すこと、途中で投げださないこと
②モチベーションを維持し、勉強を続けること
③自分の可能性を信じること

などです。これらは絶対に諦めてはならないのです。

では、そのモチベーションを維持する方法を考えてみましょう。

3

精神力に革命を起こせ

知情意の大切さ

この服を着るか着ないか、この本を買うか買わないか、この電車に乗るか乗らないか、これを食べるか食べないか……それらの選択は、日常毎度のことなので、ほとんど無意識のうちに行なわれているように見えます。

しかし、必ずその瞬間、瞬間に、私たちは自分の意思で決定をしているのです。無意識のうちに選択するということは、基本的にはあり得ません。行動の背景には、よくも悪くも意思の働きがあるということです。

もちろんそんなことはわかっておられると思いますが、勉強法を考える場合、この「意思の働き」を無視するわけにはいかないのです。

これを忘れないでください。

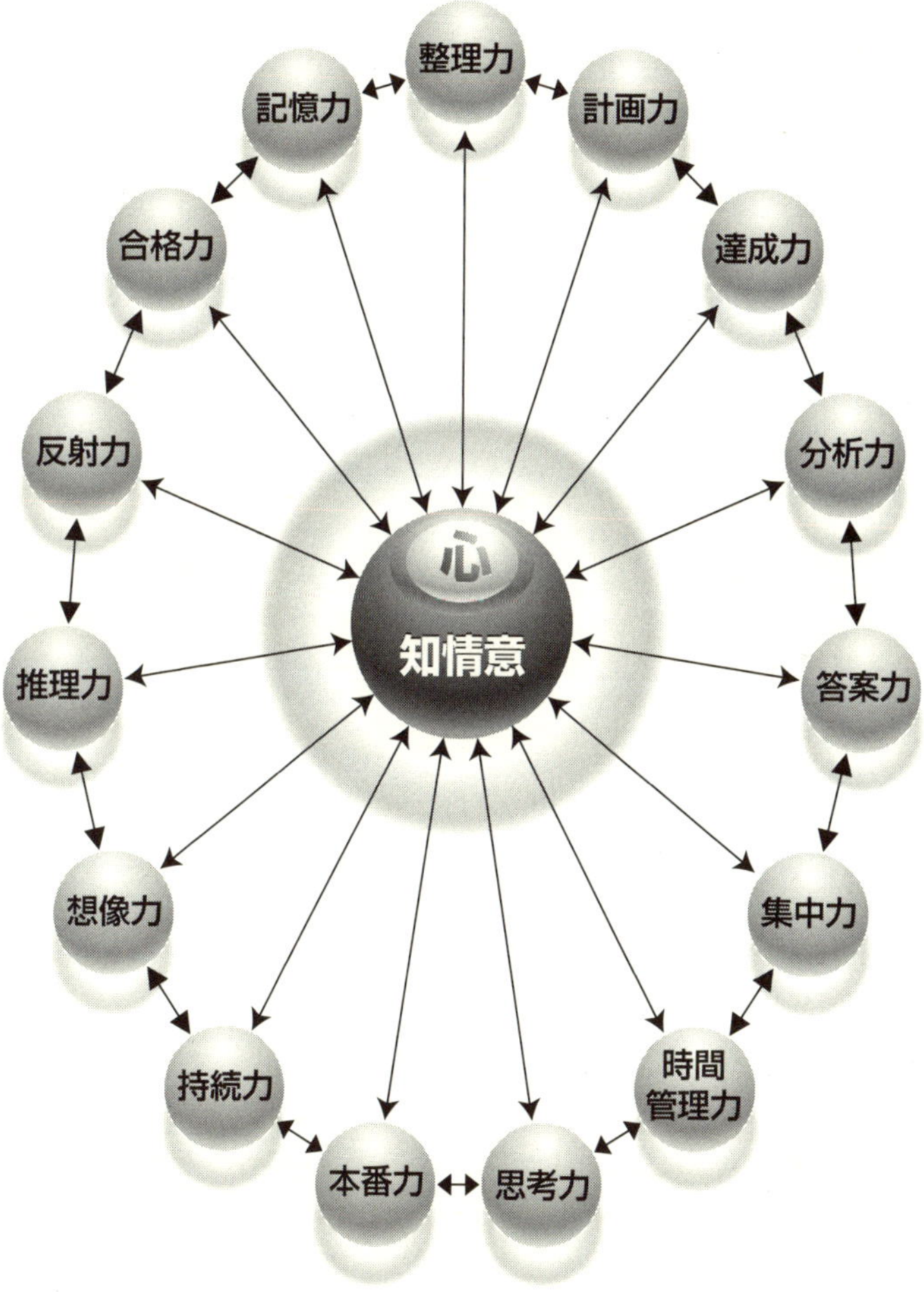

さまざまな能力は、すべて「心の働き」と影響し合っている

勉強を飛躍的に進展させるには、勉強のノウハウだけを身につければいいわけではありません。私が考える勉強法は、前ページの図の中心にある「知情意」をはずしてはあり得ないのです。

知情意は、人間の持つ三つの心的要素です。合格に必要なさまざまな能力は、すべて、この心の働きに通じています。

たとえば、大学の医学部を目ざして、独学でがんばっている四〇歳を過ぎた主婦の方がいます。

彼女の場合、

①何のために医学部を目ざし、何のために医者になろうとしているのか

②医者になって何をしたいのか、何をしようとしているのか

ということが実に明確です。いわば、透き通った水晶のように凛《りん》とした精神性を持っておられます。

ですから、勉強に対する取り組み方に妥協がありません。

かといって、家事をおろそかにしているわけでもなく、よき妻、よき母として、役目をしっかりと果たしています。それでいて一日の勉強時間は、約一四〜一五時間。いったいどこからそんなエネルギーが出てくるのでしょうか。

それは高い精神性にほかならないのです。

大きな「なぜ」が強い精神力を引き出す

精神性を高めるためには、まず、試験勉強をしていく「理由」をきちんと自分に問うことが非常に重要です。

「よそ行き」の理由は、必要ありません。本音で「なぜ私はこの試験を受けるのか」を明確にすることです。

「なぜ試験を受けるのか」という理由が明確な人とそうでない人とでは、モチベーションの維持、勉強量、勉強の推進力などに大きな影響が出てきます。

本章冒頭の、自分の現在の「勉強の取り組み状況」「課題」を見直してください。そこに、「勉強にムラがある」「やる気が起きない」「何をどうやっていいかわからない」「何から始めていいかわからない」などと記した人は、まず、勉強の理由を明確にすることから始めるとよいです。

勉強する意味、勉強する理由があいまいだと、力《パワー》が出ないのは当然です。

39ページの図に、理由を書き込んでください。

希望を机に貼れ

その次には、将来の姿をイメージ化してください。

「この試験に受かったら、自分の人生はどうなるのか」

「この試験に受かったら、自分は何を得られるのか」

を、41ページの図に書き込んでください。

イメージがまとまりにくいときは、「この試験に受からなかったら、自分の人生はどうなるのか」「この試験に受からなかったら、自分は何を失なうのか」と、逆を考えてみるとよいと思います。

これは、雑誌や広告でよく見かける美容整形外科の広告「手術前、手術後」を見るのと似ています。

人間は、なぜあんなに高いお金を出してまで美容整形をするのでしょうか。具体的な理由は、十人十色でいろいろあると思います。しかし、一つだけ全員に共通することがあると思うのです。それは、「今よりも、もっと美しくなれる」という期待と希望がイメージできるから、ということです。

◎受験する理由の明確化

●「なぜ、私（俺）はこの試験を受けるのか」
本音で個条書きにしてください。

・
・
・
・
・
・
・
・
・
・
・
・
・
・
・
・
・
・
・
・
・

※書いたら、このページをコピーして机の前に貼ること

人間は、期待と希望をイメージできれば、どんなに大変な困難があろうと、それを克服していけるものです。挫折するのは、期待と希望が見えていないか、見出せなくなったときです。

「期待と希望」を、「意義と価値」と言い換えてもいいでしょう。

挫折するかしないかのギリギリの状態に陥ったとき、「何くそッ」と踏ん張れるか、「ああ、もうだめだ」と諦めてしまうかの差は、自分を支えるものを持っているかどうかにかかってきます。

自分を支えるものは、人によってみな違います。ある人は「自信」でしょう。またある人は「家族」かもしれません。あるいは「野心」「夢」「希望」という人も多いに違いありません。「使命感」「義務感」であるという人もいるでしょう。

それらをまとめて「意義と価値」と言うのです。

基本的に人間というのは弱いものです。特に困難に出会ったとき、弱さが露呈します。そのとき、自分を支えるものを持っているかどうか。人生の差はここに出てきます。

困難は、どんな人にも共通して起こるようになっています。大小の差こそあれ、遅かれ早かれ困難はやって来ます。困難を試練と言ってもいいでしょう。

それをなぜ、克服できるのか。

◎試験合格後のイメージ化

● この試験に受かったら、自分の人生はどうなるか
（この試験に受かったら、自分は何を得られるかでもよい）

・
・
・
・
・
・
・
・
・
・
・
・
・
・
・
・
・
・
・
・
・

※書いたら、このページをコピーして机の前に貼ること

自分を支えるものがあるからこそ、です。自分を支えるものがなくては、人間は、前に進むことはできません。

「この試験に受かったら、自分の人生はどうなるのか」「この試験に受かったら、自分は何を得られるのか」を書いてくださいと申し上げているのは、試験勉強という試練の中にいるあなたに、「自分を支えるもの」をつくるためです。

これをしっかりと書いて、机の前に貼り出しておいてください。

「もうやーめたッ」と投げ出したくなるとき、「ああ、だめだ」と頭を抱えたくなるとき、「これ以上は無理だ」と泣きたくなるときに、きっと力になります。

書き出したものを見れば、あなたは、萎《な》えそうになった気分を「くそッ！　ここで負けてたまるか」と、奮い立たせることができるはずです。

4 「気分のムラ」の解決法

「夢力」をもっと鍛えろ

前項では、「なぜこの試験を受けるのか」という意思を確認してくださいとお願いしました。そして、「合格したら自分の人生はどう変わるのか」という未来像を紙に書き、机の前に貼り出そうと言いました。

これは強い動機づけをするためであり、かつ、困難な状況に陥ったとき、自分を支えるためであるとも言いました。

中には、そんなものは必要がない人がいるでしょう。ためらいもなく、疑問すら感じずに勉強をすることができる人たちです。

登山家は、「なぜ山に登るのか」と質問されれば、「そこに山があるから」と即答するでしょう。本当にマラソンが好きな人には、「なぜ走る」という質問は愚問です。理屈抜きで「走りたいから走っている」からです。

勉強においても、そういう人はいます。勉強の好きな人、勉強することが食事のように自然に身についている人は、モチベーション維持の必要がありません。困難に出会えば、それをむしろ喜々として楽しむのです。

先ほどの医学部を目ざしている四〇代の主婦の方などは、一年あまりの勉強を通じて、今まさに、その状態に入りつつあるようです。

ただ、多くの人は、こうはいかないと思います。そこで、「なぜ受けるのか」「どう変わるのか」の確認が必要になるわけです。

これが明確であれば、強い動機づけがなされます。それだけではありません。さらなる効果があります。

それは、意欲、やる気の継続です。

今日も、やはり大学の医学部を目ざしている別の社会人の方が、私のコーチングを受けにやって来ました。少ない「すきま時間」を勉強にあてている彼の口から、こんな切実な言葉が出てきました。

「モチベーションが命」

モチベーションが下がったり、なくなったりすることが、一番怖いわけです。これは何も彼だけの話ではないでしょう。勉強する人の多くが、モチベーションの維持に苦労しているのです。

気分と勉強を徐々に切り離す

47ページの図をご覧ください。モチベーションの波形《ライン》の例です。

現実には、①のようにモチベーションを高い水準で直線的に維持することはできません。
③のように、上がったり下がったりする波形になるものです。
しかし、高い精神性を持つ人のモチベーションの波形は、②のように、波を描きながらも高い水準になります。試験合格には、②に限りなく近いモチベーション水準を保つことが重要になります。

一般的には、多くの人のモチベーションは、③のように荒々しい波形を描くのですが、それをなるべく高い水準にキープすること、波形をフラットにすることが求められるわけです。
③の場合は、気分がよいときはモチベーションも高く、勉強を集中的にやります。しかし、気分がよくないときはモチベーションも低く、勉強もしません。

気分がよくない理由は、人それぞれでしょう。体調が悪い、友人とケンカした、わからない問題にぶつかって頭打ちになっている――など、勉強を続けていくうちには、さまざまなことがあるものです。

しかし、勉強をしない日が多いと、一週間単位、一カ月単位では、勉強のムラがかなり大きくなっていきます。試験に合格するには、勉強のムラが少ないにこしたことはありません。

「絶対に気分にムラがあってはならない」とは言いません。気分にムラがあるのは当たり前です。

ですが、気分のムラに合わせて勉強のムラが出てきては困ります。気分のムラがあっても、勉強のムラは少しでもなくなるようにすることが重要です。

気分がマイナスだからモチベーションもマイナスだ――といった日を少なくしていくわけです。

そこで、これから一カ月間、気分のムラと勉強のムラを、自己判断で結構ですから、毎日チェックしてみてください。

◎モチベーションの波形の例

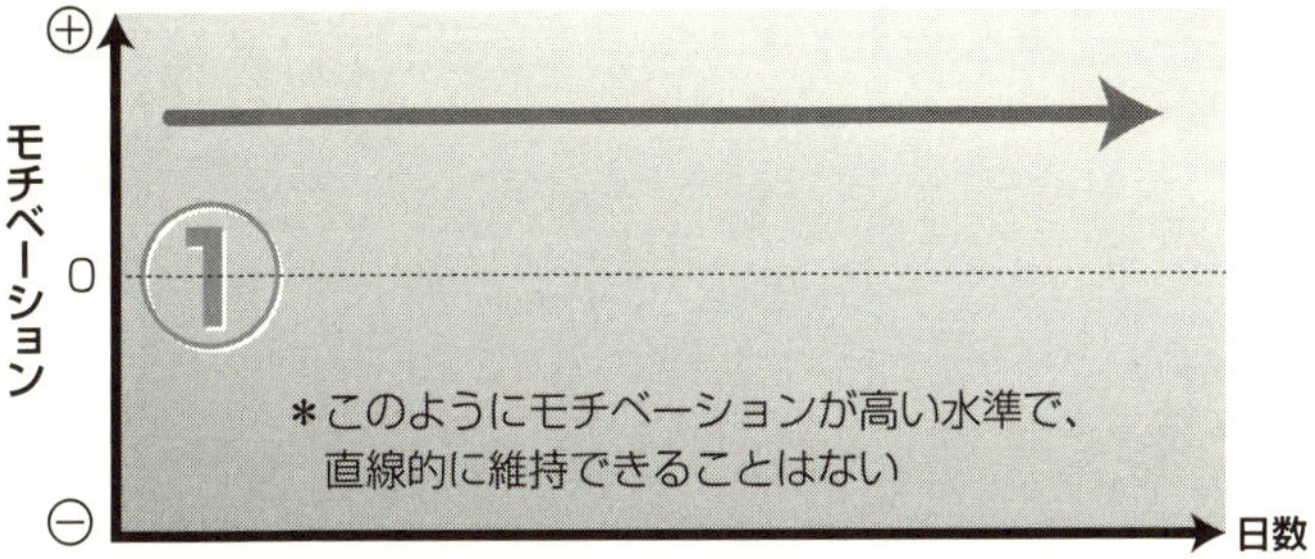

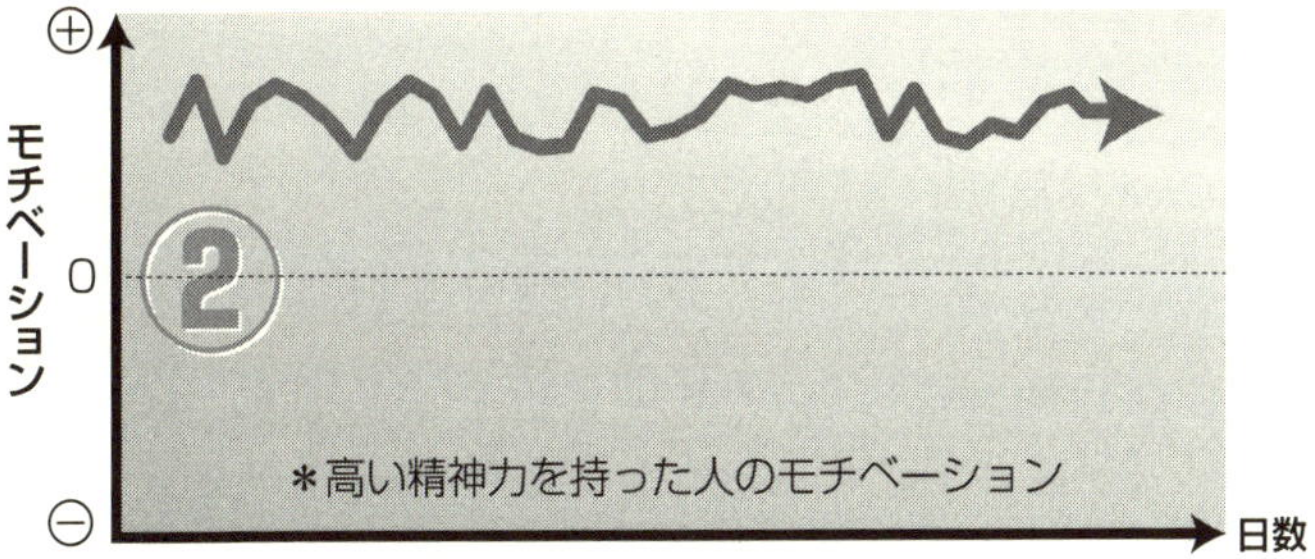

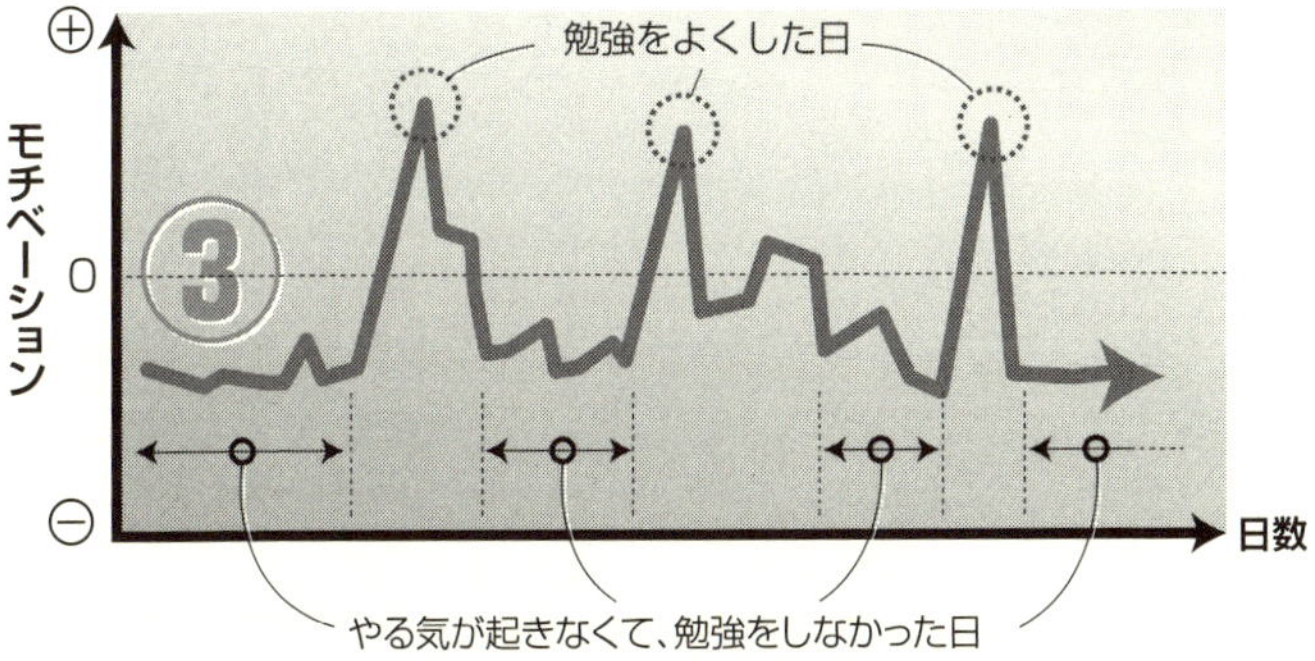

1カ月間単位でみれば、こんなふうに変化しているかも？

これがあなたの「モチベーションライン」

次ページの図を見てください。

これは、「モチベーションライン」といって、私独自のものです。この表に記録することは三つあります。
①意欲（ここでは意欲《ウイル》とモチベーションを同義的に使います）
次のレベルを目安に、自己判断してください。
・+5レベル――意欲最高、勉強したくてしょうがない
・+4レベル――意欲十分、勉強がおもしろい
・+3レベル――意欲あり、さあ勉強するぞ
・+2レベル――意欲まああ、さあ勉強するか
・+1レベル――意欲少し、勉強しなくちゃあ
・0レベル――意欲出さなくちゃ、ああ、今日も勉強か
・−1レベル――意欲が出ない、どうして勉強するのかなあ
・−2レベル――意欲なし、やってられないよ

◎モチベーションライン（気分のムラと勉強のムラ）

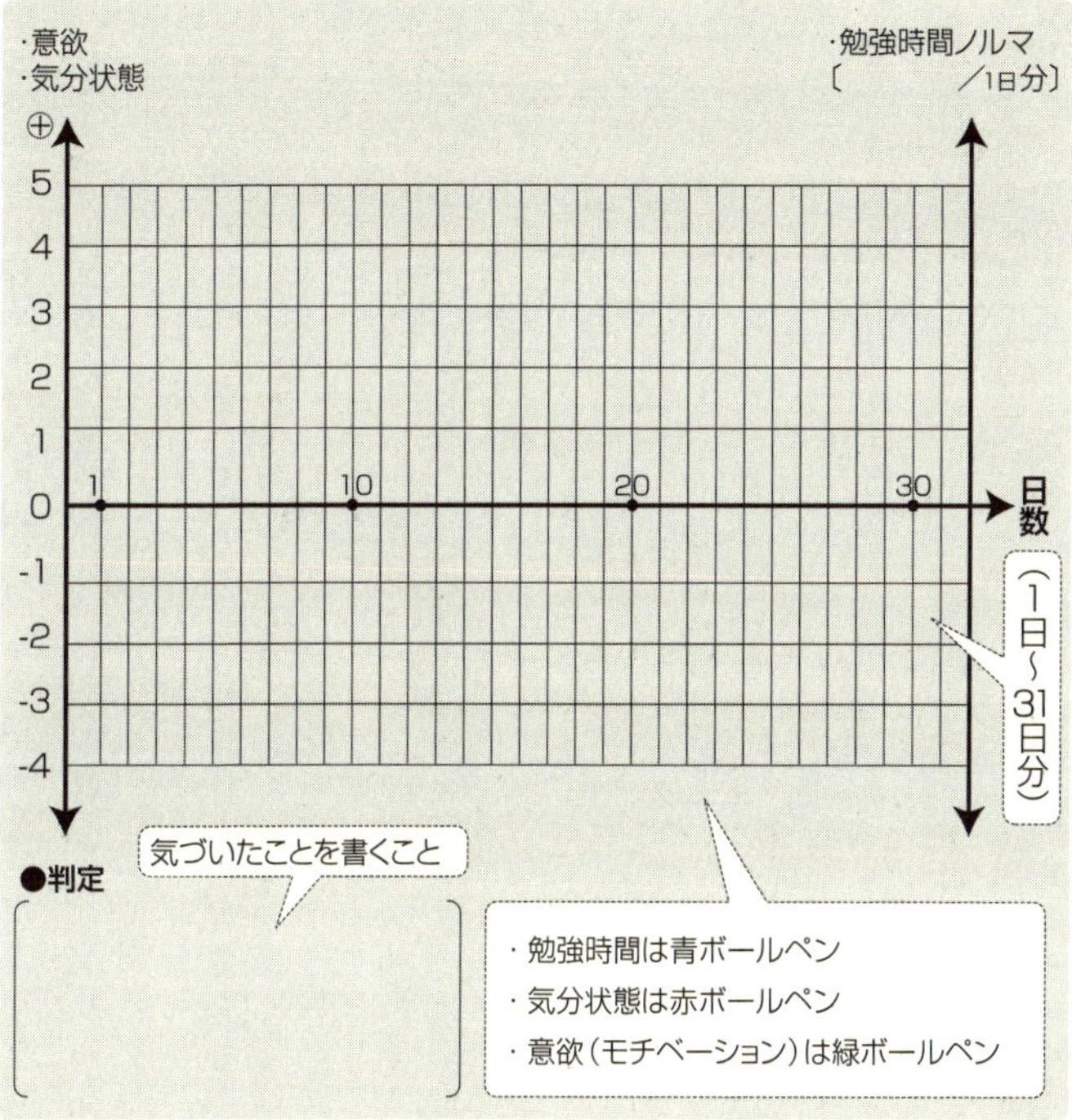

※１：まず1日何時間の勉強をするか、それを決めること（例３時間勉強する）

※２：時間が決まったら分に直して総分数を出す（例３×60 分＝ 180分）

※３：総分数を 10 で割り、1目盛りあたりの単位を出す（180 ÷ 10 ＝18 分／1目盛り）

※４：日々、何分勉強をしたかを計算して、そこに「•」を打つ。これを日々つけていくとグラフができて勉強のムラが見えてくる

※５：気分の状態は（－４～＋５）で自己判断で決めてよい

※６：できるだけ正直に記録すること

・-3レベル――意欲まったくなし、テキストなど見たくもない
・-4レベル――意欲？　何それ？　勉強するやつの気持ちが知れない

②気分状態

これも、次のレベルを目安に、自己判断してください。

・+5レベル――絶好調だ、気分、体調充実
・+4レベル――気分よし、体調よし
・+3レベル――普通、可もなく不可もなし
・+2レベル――まあまあかな
・+1レベル――ちょっと疲れているかなあ
・0レベル――ああ、いやだなあ
・-1レベル――風呂に入るのもめんどうくさい
・-2レベル――もういや、何もかも
・-3レベル――どうして私だけがこんな目にあうの
・-4レベル――絶望

この「気分状態」は「意欲」と関連するところもありますが、必ずしも一致するとは限りません。気分がよく、絶好調でも勉強をしない日もあるし、逆に、気分が滅入っていて

も、意欲を出して、しっかりと自分の勉強ノルマをこなすということもあります。このあたりの関連性や特徴は、一カ月も続けていくと見えてきます。

③勉強時間

まず、一日何時間勉強するかを決めてください。当然、日によって違いますが、自分の生活状況、すきま時間などを全部合わせて、平均的に何時間かを決めてください。

時間が決まりましたら、それを「分《ふん》の数」に直してください。

たとえば、一日三時間勉強するとしたら「一八〇分」になります。

次に、今度はそれを「一〇」で割ります。グラフの目盛りが「-4～+5」と、一〇あるからです。

一日三時間の場合は、一八〇÷一〇で、「一目盛り一八分」となります。

つまり、このグラフの「一目盛り」の時間は、人によって異なるわけです。一日五時間勉強する人は「一目盛り三〇分」になりますし、八時間なら「一目盛り四八分」になり、二時間の人は「一目盛り一二分」となります。

つまり、自分の勉強時間に合わせて、ムラを判定することができるわけです。

一目盛りの単位が決まったら、毎日の終わりに記録してください。

・勉強時間は青ボールペン

・気分状態は赤ボールペン
・意欲は緑ボールペン
というように色分けして記録していくと、きっとおもしろいことに気づくと思います。

この記録では、勉強の理解度などの「質」は読みとれません。しかし、短期的に見ると、勉強時間が長いから質も充実しているとは限りませんが、長い目で見ていくと、勉強の量と質はやがて比例していくものです。

何カ月も続ける必要はありませんが、少なくとも一カ月間記録すると、おもしろいと思います。たとえば次ページのような図になります。

「毎日コンスタント」の実現

モチベーションラインを記録することでわかることは、一般的に、「気分のムラ」は「意欲や勉強のムラ」に比例するということです。

ただし、鬱《うつ》状態になると、意欲はあるけれど気分が滅入って、勉強ができないということが起こります。逆に気分はほどほどなのに、勉強時間は高い水準を保つということもあります。

例 モチベーションライン

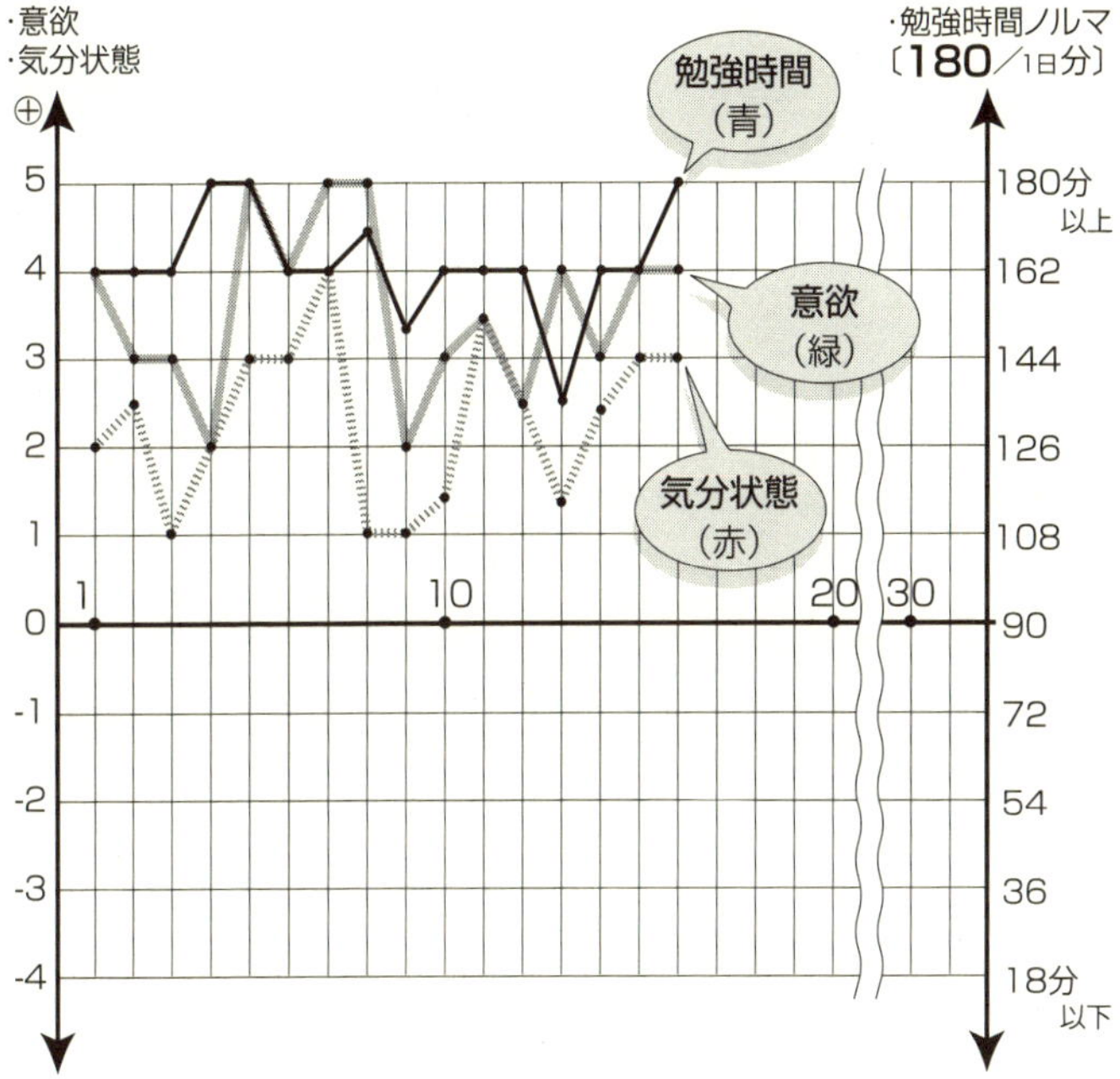

●判定

気分が全体的に低い割には
それに流されることが少なく、
勉強量はまずまずこなしている。
勉強の質はともかく、合格への期待は
かなり期待できる内容である。

・勉強時間 ———
・気分状態 ┈┈┈
・意欲 ━━━

※本書では上記のように表記しました

人によりこまかい点は異なりますが、モチベーションラインを記録することで、気分のムラは意欲や勉強のムラと比例することが実感としてわかると思います。

そこで、気分のムラを少なくすることを考えなくてはならないのです。コンスタントに一定量の勉強をしないと勝負ができません。そのためにも、高い精神性と高いモチベーションの維持が必要になってくるわけです。

2章

「一発記憶」を始めよう

How to effectively study

1 試験に役立つ記憶術

丸暗記の苦痛をなくす

今年の春休み、中学校を成績トップで卒業したばかりの女子生徒が私のところにやって来ました。思春期のどまん中、ましてや成績トップとなれば、さぞ生意気かと思っていました。

ところがお会いしてびっくり。自分の進路をしっかりと見すえた、ハキハキと明朗快活な、すばらしいお嬢さんでした。

特にすばらしかったのは、とても素直であることです。「こうしておぼえるんだよ」と教えれば、すぐに修得し、実行できるのです。

私は東京カルチャーセンターの記憶術の主任講師をしています。そのセンター主催で毎年夏休みに「記憶術一日セミナー」もやっています。

しかし、セミナーはわずか六時間。これだけで代表的な記憶術や記憶のコツを教え、かつ「たしかに記憶ができる」を体感してもらうのは、やや厳しいものがあります。私は、セミナーの席で毎年、「記憶術を使いこなすには最低でも二〇時間はほしい」と申し上げるのが常でした。

けれど、その女子生徒には、個人レッスンということもありますが、わずか七時間で、私が知っている記憶術のほとんどを伝授することができたのです。

なぜできたのか？

大きな理由が、彼女の素直さだと思うのです。「素直な人は伸びる」と言います。まさに、彼女はその典型ではないでしょうか。

彼女に聞きました。

「今までどんなおぼえ方をしていたのですか」

「とにかく『がむしゃら』です。何度も声を出し、書き、見て、聞く、です」

「なるほど。つまり『がむしゃら記憶』ってわけですね」

「はい」

もちろん、「がむしゃら記憶」とは、特別な記憶術ではありません。何度も何度もくり返して丸暗記をしていくという、誰もが一般的にやる従来の記憶のし方を総称して命名したわけです。

しかし、記憶は反復が基本になりますから、「がむしゃら記憶」は記憶術の基本中の基本といってよいでしょう。

誰でも、最初はおぼえ方を知りませんから、とにかく「がむしゃら記憶」をします。そのうちにいろいろな記憶術を知り、使うようになります。

だからといって、くり返しの重要性が薄れるわけではありません。最終的には、「がむしゃら記憶」にもどるといっていいほど、「がむしゃら」は勉強の基本であるということです。

さて、私がセミナーでよく申し上げるのが、

「リンゴの皮をむくのに出刃包丁は使わないでしょう。出刃包丁でむけないことはないですが、やはり果物ナイフを使うはず。記憶術も同じです。用途に応じて記憶術の使い分けをしたほうがよいですよ」

ということです。この使い分けを間違うと逆に苦労することがあるし、かえって効率を悪くすることすらあります。

たとえば、記憶の質問で多いのが「文章の丸暗記」です。記憶の中でも最も苦痛がともない、最も精神エネルギーを使い、最もいろいろな方法を併用していかなくてはなりませ

ん。しかし、それでも、少しでも苦痛感がなく、効率の高いやり方はあるのです。

では、どうするか。

それは試験に役立つ記憶術でもあります。順を追ってお話していきます。

整理に手をかけると記憶の手が省ける

試験に役立つ記憶術の第一は「まず整理すること」です。

今年（二〇〇六年）二月、私は日本テレビの科学ドキュメンタリー特別番組『記憶のチカラⅢ』で、小学生の女の子と対決しました。

「コスプレ一〇〇人を記憶せよ」というコーナーで、一〇〇人のコスプレをその場でおぼえるというものです。

私はこれまで、テレビ朝日『不思議どっとテレビ。これマジ!?』や、TBSテレビ『どうぶつ奇想天外』など、いくつかのテレビ番組で記憶術を実演してきました。「コスプレ一〇〇人」は、その中で、最も簡単で楽な内容でした。

ところが結果は、八八人しかおぼえられませんでした。

なぜか？　答えは簡単。頭の中が混乱したからです。

なぜ、混乱したのか？　それは、並んでいる人たちの列が、61ページの上の図のようにグチャグチャだったからです。

私は、①から②、③、④……へと整然とおぼえていく「記憶の引き出し」を持って臨んだのです。ところが、「さあ、始めてください」と言われて一〇〇人を見ると、想定外のグチャグチャ集団でした。下の図のように縦横がきれいに並んでいれば、私の記憶の引き出しにピタッとはまったのですが、見た瞬間、「こりゃだめだ」と思いました。

それでも、上の図のように強引に引き出しにあてはめようとしたところ、三列目あたりから混乱が生じていき……結果はさんざんだったわけです（でも、負けてよかったと思っています）。

実は、この本番の前に、一〇人のコスプレ記憶や、二〇人のコスプレ記憶を試み、私は二〇人を三分間足らずでおぼえています。ですから、一〇〇人ぐらい、早くて二〇分、遅くとも三〇分あれば完全におぼえられたはずです。

あとで、こう思いました。一段二〇人ずつ横におぼえていけば、左右の間違いなくおぼえられたのに……と。そのひらめきがなかったのが、最大の敗因です。完全に私の作戦ミスでした。

私はセミナーで、こう口すっぱく申し上げております。

◎記憶の基本は整理

●整理整頓されていない状態
（1段20人×5段）

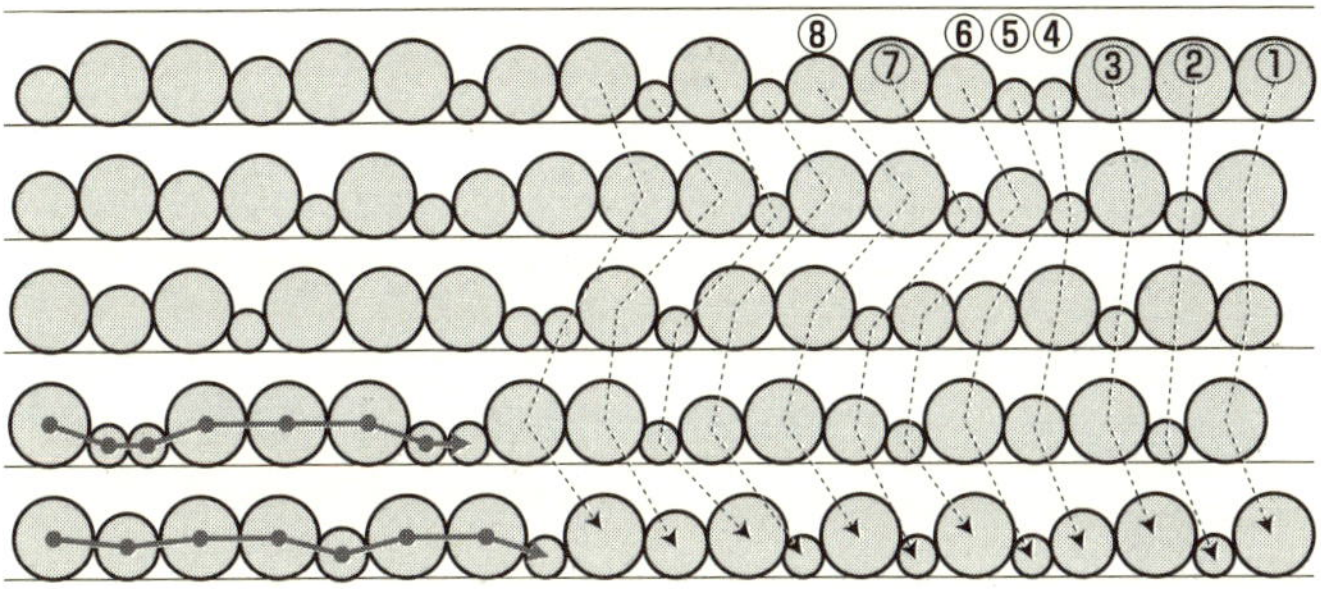

●整理整頓されている状態

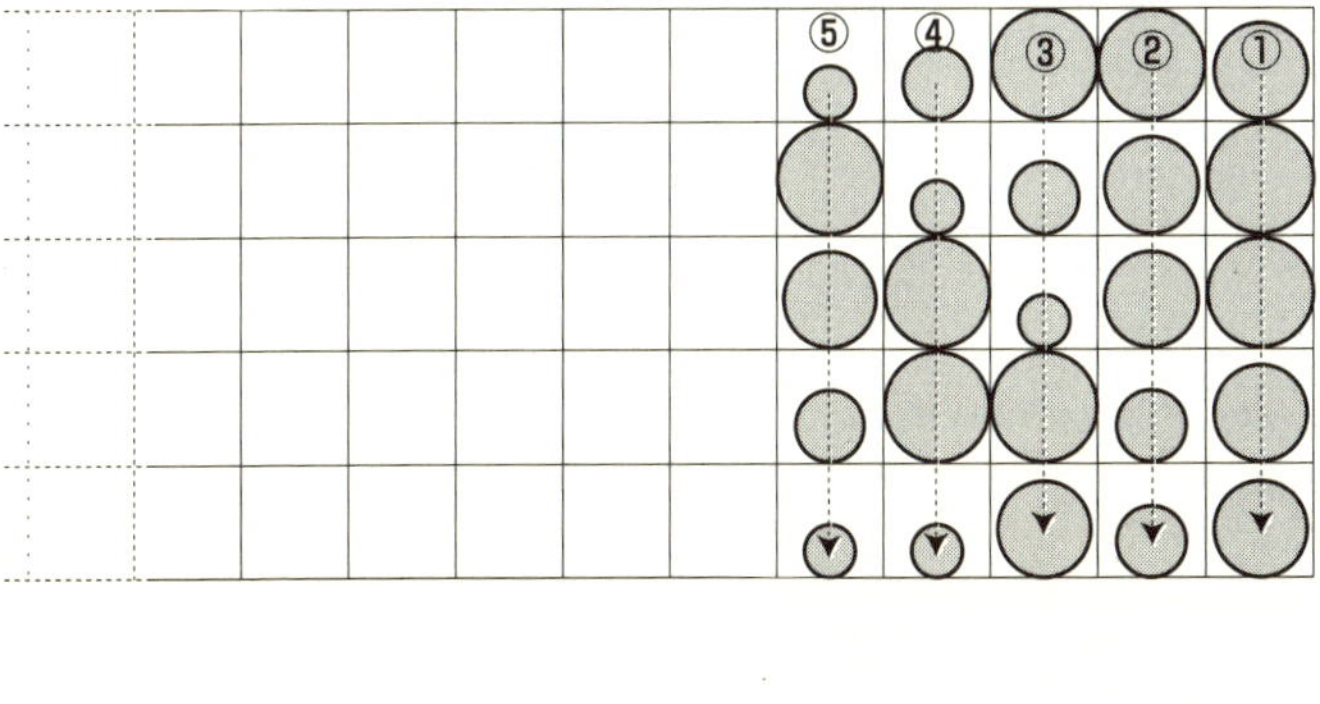

※私の場合、↓↓↓ の流れでおぼえようとしたため途中でわからなくなった
※ ⇶ の流れでおぼえていけば、間違いは避けられた

「記憶術は整理術です。記憶しようとする前に、記憶しやすくするために、まず整理することが大切です。整理されていないものは記憶しにくい。記憶するのに時間がかかるか、もしくはおぼえられない」

今回、それをものの見ごとに、身を持って体験させてもらったわけです。

さて、文章丸暗記も、これと同じなのです。

文章をおぼえようとする前に、どういう内容なのかを頭の中で整理するか、イラスト化したりして、きれいにまとめておくことが重要です。これをしないで、おぼえようとすると、単純な「がむしゃら記憶」しかありません。

それでも、「門前小僧（門前の小僧習わぬ経《きょう》を読む）式」で、いつかはおぼえられます。

しかし、時間のない人は、それでは間に合いません。まず整理し、よく理解してください。

そののちに「がむしゃら記憶」をしていけば、同じ「がむしゃら」でも、結果は明らかに違ってきます。

文章の三大整理術

文章の整理のし方は、次の三つを使えばうまくいきます。これは同時に、文章の理解のし方でもあります。

①分解する

「カブヌシガシンカブノヒキウケケンヲユウスルバアイニオイテハカクカブヌシニタイシソノモノガヒキウケケンヲユウスルカブシキノシュルイオヨビカズ、イッテイノキジツマデニカブシキノモウシコミヲナサザルトキハソノケンリヲウシナフベキムネナラビニダイニヒャクハチジュウジョウノニダイイッコウダイロクゴウオヨビダイナナゴウニカカグルジコウノサダメアルトキハソノナイヨウヲツウチスルコトヲヨウス」

これは、商法第二八〇条ノ五「新株引受権の行使」の一部を、漢字で記されたところもあえてカタカナで記してみたものです。

読んでわかりますか。これだけ長い文章なのに、読点《とうてん》「、」が入るのは一カ所だけです。素人にわかるわけがありません。

このような文章をおぼえるときは、自分で句読点《くとうてん》「。」「、」をどんどんつけることです。文章を分解し、自分にとって理解しやすくすることです。それをせず、ただ丸暗記しようとすると、とんでもない時間とエネルギーを使うことになるのです。

②図や表にする

文章の分解と同時にやるとよいのが、図や表にすることです。漠然としたイメージが明確になり、理解をいっそう深めます。

③置き換える

文章を「たとえば」と「要するに」をキーワードにして整理するのも、いい方法です。

記憶術セミナーで、よく「この文章をおぼえるにはどうしたらいいですか」という質問をいただきます。私は、すかさずこう質問します。

「この文章を、身近な何かにたとえるとしたら、どういうことになりますか」

するとおぼえられない人ほど、説明ができません。だから、私はこう言います。

「わからない人から『これはどういう意味？』と聞かれたら、あなたは『たとえばね』とか『要するに』と話すでしょう。そういうふうにやればいいんですよ」と。

身近にあるものに置き換えて説明すれば、わからない人でも「なーるほど」と納得できるはずです。

「この文章は、たとえば△△ということと同じだよ」

「この文章は、要するにこういうことなんですよ」

そのように置き換えて考えると、理解が早くなり、かつ整理が進みます。

2　「役者」のように次々覚える

「記憶暗示」の使い方

試験に役立つ記憶術の第二は「心理的抵抗感を少なくすること」です。

以前、おもしろい体験をしたことがあります。

ある男性に「次のカタカナ語を一〇分間でおぼえてください」と言いました。

バスラ、クート、ナジャフ、カルバラ、サマワ……イラクの都市名を一〇個並べたもので、一〇分間もあればどんなに悪くても、三つ、四つはおぼえられるものです。

ところが彼は、一つもおぼえられませんでした。

「どうして？」と私は驚いて聞きました。

彼の答えは意外なものでした。

「私は小さい頃から剣道をやってきました。ですから、カタカナ語つまり外来語が大嫌いなのです」

つまり、剣道は武士道である。武士道を歩む者が、紅毛南蛮《こうもうなんばん》の西洋人の使う外来語をおぼえるのには心理的抵抗がある。自分はそのようにしつけられてきたのだ、というわけなのです。

「いつの時代の話だぁ?」と耳を疑いましたが、この体験はその後の私の記憶の指導に大きな変化をもたらしました。

「心理的な抵抗感が強ければ、記憶はそこなわれる」ということがわかったからです。

これは記憶に限った話ではありません。「いやだ」「だめだ」「できっこない」といった否定的な思考は、あらゆる能力の進歩をさまたげます。

記憶力を高めるには、「自分にはすでに記憶する能力があることを自覚すること」と私は記憶術セミナーでいつも申し上げています。

その理由は、ここにあるのです。

心理的抵抗感を少なくするには、プラス思考が鍵になります。

大物タレントのSさんが「僕、いまだにビデオの録画ができないんですわ」と言っていたと思います。私の推測では、これは、Sさんにビデオを操作する能力がないからではありません。その必要性がないからです。

あるいは私も、パソコンを使ってのメールが、いまだにできません。これも私にメール能力がないからではありません。「メールを始めると、スパムメールやウィルスメールがどっと押し寄せるのではないか」という不安が強くあるからです。

これらが抵抗感なのです。「必要がない」「不安だ」という抵抗感が、ビデオ録画やメールといった簡単な能力を阻害しているのです。

記憶においても同じです。

おぼえられない人は、記憶する能力がないのではなく、記憶を阻害する原因があり、それが記憶に対する壁をつくっているのです。

このような心理的抵抗感をとるためには、次のような代表的な自己暗示をするといいでしょう。自然にプラス思考が身につきます。

「私はできる」

「こんなもの大したことはない」

「やがてできるようになる」

「私には、能力がある」

などです。意外と効きめのある暗示語です。お試しください。

人間関係を利用する

試験に役立つ記憶術の第三は、「人との関係の中でおぼえる」ことです。

これには二つのアプローチがあります。

①人に教えるつもりになる

中小企業診断士の資格試験で失敗した人の話です。

彼は、専門学校の土・日（週末）コースに通っており、そこそこ仲間もでき、情報交換をしながら勉強を進めて、答練（答案練習）でもそこそこの点数をとり、二年目の今年こそは受かるだろうと期待していました。

ところが、実際は不合格でした。

理由は「用語の意味をあいまいにしていました」と言います。

「わかっているつもりでいましたが、実際に問題を解くとなると、あれ？　どうだったかな？　と肝心のところがあやふやだったんです」

私は彼にこうアドバイスしました。

「これからは、用語の定義づけをする際、『人に質問をされたときにきちんと説明できるように』ということを意識して勉強してみませんか」

意味や理屈が本当にわかっていないと、人に教えることはできません。だから、単に用語を記憶するのでなく、人に教えている気持ち、人に納得させる気持ちで、ブツブツ言いながらおぼえていくと、おぼえるスピードも定着率もよくなります。

ぜひとも試してほしい方法です。

②かけ合い記憶

試験で合格する重要ポイントの一つに、いい友人や仲間をつくることがあります。「類は友を呼ぶ」という「類友の法則」があります。精神性やモチベーションといった意識の高い人の周囲には意識の高い人が集まり、意識の低い人の周囲には意識の低い人が集まるようになっています。これは、試験だけでなく、どの世界においても同じです。

「へたに友人をつくると、友人のペースに巻き込まれて自分の勉強ができなくなる」という理由で、友人をあえてつくらないようにしている人もいます。これはこれで一理ありなのですが、意識の高い人間は、相手の勉強ペースを乱すようなことはしないものです。切磋琢磨《せっさたくま》こそすれ、邪魔はしません。

邪魔をするような人は意識の低い人と考えて、こちらからさっさとバイバイしましょう。意識の高い仲間であるなら、「かけ合い記憶」などをするものです。

「明日までこのページを丸暗記して来ようよ。そして、どのくらい記憶できているか、お互い言い合いっこしよう」となるはずです。

不動産鑑定士に合格したある男性にも、そういう仲間がいたそうです。

『不動産鑑定基準』という一〇〇ページあまりの小冊子を、ページの一行ずつ、言い合いっこするわけです。

相手が一行目を言えば、こちらはそれをチェックし、こちらが二行目を言えば、相手はそれをチェックする……これを延々とやり続けていくのです。

このプレッシャーと緊張感が集中力を高め、かつモチベーションをも高めていくのです。

そういう仲間なら、まず仲間全員が合格するということになるようです。

これもまた、記憶術の一つといえます。

「空白」記憶術

試験に役立つ記憶術の第四は、「五感を使う」ことです。

私は若い頃、役者修業をしていました。役者というのは、セリフをおぼえることが一番大きな仕事です。これができなければ話になりません。

私がやっていたのは、台本一冊の全セリフを録音機に吹き込む方法でした。ただし、自分のセリフのところだけは空白にしておきます。

こうすると、まず一〇〇パーセント間違いなく記憶できます。

テレビや映画では、あとで編集ができますから、セリフのNGが出てもそれほど怖くありませんが、舞台ではそうはいきません。しかも、相手のセリフとのかけ合いです。したがって、自分のセリフだけおぼえてもだめで、相手方のセリフも同時におぼえていく必要があります。

そこで、先の方法になるわけです。

さて、専門学校に行っている人なら、「かけ合い記憶」ができる仲間ができますが、独学の人はそれができません。

では、どうするか。

録音機を使って「かけ合い記憶」をすればいいのです。

どうしてもおぼえておかなければならない文章は空白にしておき、どうでもいいところを吹き込んでおくのです。こうすると、いやが応でも、おぼえざるを得なくなります。

空白の部分をおぼえたら、今度は逆に、先に吹き込んだ部分を空白にし、先に空白していた部分を吹き込みます。こうすれば、全文章を丸暗記できることになります。

では、今度は、音ではなく、紙面でそれができないかを考えてみましょう。

私はどちらかというと、目から記憶するより、耳を使った記憶のほうが得意です。ですから、録音機を使う方法ををおすすめしたいのですが、人によっては、視覚のほうが記憶しやすいという人がいると思います。

そういう人は、おぼえたい文章をまずコピーします。そして、そのコピーの重要語句だけをホワイト（文字消し）などで消して、空白にしておぼえるのです。

これを私は「空白記憶」と呼んでいます。空白記憶は、自分が「問題をつくる」方法として有効です。

一般的には、重要語句を赤字にして、赤シートをその上に乗せて、文字を消しておぼえるという方法があります。空白記憶は、それに似ていますが、空白をだんだん広げていくことになるので、最終的には、すべてがまっ白な状態にしていくことが目標になります。

それだけ鮮烈におぼえることができるのです。

この方法は視覚記憶の強い人、独学の人には特に有効になります。お試しください。

3 いつも時間が足りない人に

試験では「一〇倍速」より「一・五倍速」が勝つ

私のところに勉強コーチングを受けに来る人の中には、「文章が速く読めない」ことで悩んでいる人がかなりいます。この人たちに共通することは、「時間が足りない」という思いです。

この「時間が足りない」は、二つの意味があります。

・教科書《テキスト》を読むスピードが遅いために、予定通りに計画が進まない
・試験の問題を読むスピードが遅いために、全部解答することができない

では、どこまで改善が可能でしょうか。

現在のスピードの一・五〜二倍の速さまでは、誰でも可能です。

一般的に一分間で読める「普通のスピード」は三つに分けられます。

①分速二〇〇～三〇〇字

ふだんあまり本を読まない人か、もしくは一般の人が専門書《テキスト》を読むときのスピードです。

②分速四〇〇～六〇〇字

一番多いスピードです。本の内容にもよりますが、小説など一般書の一ページを一分間で読む速さです。

③分速七〇〇～九〇〇字

読書が好きで、本を読むことに慣れている人たちのスピードです。一般書一ページ以上を悠々《ゆうゆう》と読んでいることになります。

さて、そこで実際の試験勉強や試験で必要なスピードは、今の自分のスピードの何倍でしょうか。私は、一・五～二倍の速さで読めれば十分だと思っています。

試験で「時間が足りない」と思っている人は、だいたい、「あと一〇分あれば全部解けたのに」「あと五分ぐらいあればなあ」という弁明をします。

これを基準に考えてみましょう。

たとえば一分間五〇〇字で読んでいた人が、一・五倍になると七五〇字になり、二倍だと一〇〇〇字のスピードで読むことになります。

そうしますと、この人がそれまで一時間で読んでいたものを、一・五倍だと四〇分で、二倍なら三〇分で読むことになるわけです。これだけで、「あと一〇分、あと五分あれば」という問題は、一気に解決する計算になります。

試験勉強も同様です。五倍も一〇倍も速く読む必要はありません。差はいつも「ちょっとの差」なのです。せめて、今のスピードより一・五〜二倍の速さで読めれば十分。そうするとやり残しはなくなります。

ただ、スピードを上げることを心がけて勉強することは重要です。次の点をふだんから意識してみてください。

時間意識を自然に高める

まず、時間を決めて勉強することです。

現在は「スローライフ」が提唱されています。私は速読教室でいつも「本を読むときぐらい、ゆっくり読もうよ」と申し上げています。何でもかんでも効率化を追求していく生き方は、ギスギスしてかないません。

ですが、たとえば試験時間二一〇分、設問七〇問という現実の試験を前にした場合、やはり「スローライフ」スタイルの勉強では間に合いません。よって、勉強するときは常に時間を意識したほうがいいと思います。

前著『図解 超高速勉強法』（経済界）では、二〇分一単位、三〇分一単位で勉強する方法を紹介しました。これは、物理的に勉強時間が足りない人には特に有効な方法です。

ですが、本書では、そういった枠をはずして、ある程度時間のとれる人を対象にして申し上げます。

まずあなたにとって、「一科目どのくらいの時間があればよい」のかを決めることです。一時間なのか九〇分なのか、それとも二時間なのか。

「そのときの勉強の進行状況によって変わるから、決められない」という方がいるかもしれません。しかし、効率性を考えた勉強を心がけているなら、そういう考え方はやめたほうがいいと思います。時間意識を常に持つことは、どの世界においても成功の大きな要件です。

「あと一〇分あれば」「あと五分あったら」と悔いないためにも、時間意識をふだんから持つことです。

さあ、一科目あたり何分あればいいのかを決めましょう。科目によって時間差が出る場合は、科目ごとに時間の設定をすることです。

左の図を見てください。

◎科目別時間設定

科目	理想（希望する）時間（分）	現実（決定）時間（分）
・		
・		
・		
・		
・		
・		
・		
・		
・		
・		
・		
・		

※科目別に理想（希望する）時間を一通り書いてください（たとえば90分）。ところが、他の科目や現実の勉強時間を考えると理想通りの時間がとれない場合があります。その場合、現実にとれる時間を右欄に記入してください（たとえば60分）。

まず「理想時間」を書いてください。ある科目に「本当は九〇分ぐらいほしいんだが」と希望するなら、「九〇分」と記入します。一通り全部出してください。

理想と現実はもちろん違いがあります。理想時間通りに勉強したら、寝る時間が一時間しかないということになりかねません。ですから次に、ほかの科目との時間配分や、一日の総勉強時間などを考えて、現実に「これぐらいの時間ならとれる」という妥協時間を、「現実時間」の欄に記入してください。

これが決定したら、全科目を一日でやるか、二〜三日間を一サイクルにして割り振るか、この表から決めていってください。

あとは気分のムラに左右されないように、それを忠実にこなすことです。

「時間決め」のすごいメリット

時間を決めて勉強することのメリットは、やはり「集中力」がつくことです。

集中力の向上は、勉強の質をよくするだけでなく、本番の試験得点アップにもつながってきます。

今ここでやっている作業は、特に後者の、本番の試験でやり残しのない解答をするために有効です。その点は強く認識しておいてください。

息抜きに、余談を二つばかりしましょう。

①恋愛相談

私は恋愛相談をよく受けます。恋愛がうまくできない人の共通点は、ふだんの人間関係をおろそかにしているという点です。

「本命の人が現われたら、愛情を持って接しよう。でも、そうでない人には、親切にするとか、あいさつするとかしても無駄だ」というような考え方を持っています。

こういう人は、本命の人が現われても、うまく接することができません。なぜなら、ふだんから人に思いやりを持って接する「練習」をしていないわけですから、本命の人が現われても、急にできるはずがないのです。

②あいさつ運動

よく小学校や中学校で「あいさつ運動」をしています。しかし、大きな効果があるのか私は疑問に思います。家庭の中であいさつができないのに、外でできるはずがないと思うのです。ふだん、家の中で気軽に話ができ、あいさつし合う環境にあれば、外でも気軽にできるわけです。

さて、私は勉強も、この①②と同じだと考えています。

ふだん時間を意識して勉強しているかいないかが、本番の試験で時間内に設問を全部やれるかやれないかの差となって出てくると思うのです。ふだんの勉強に時間を意識することは、実は試験本番の「練習」をしているのだ思ってください。

わからなくても前に進もう

速読の話を続けましょう。

私が速読から得た最大のメリットは「時間内に読み切る」という意識を持ったことです。

私は人に頭を下げることはぜんぜん苦になりません。子どもからお年寄りまで、どんな人にも頭を下げます。

しかし、そんな私でも、プライドはあります。たとえば、「五分間で一〇ページ読みなさい」と言われて読めなかったとすると、やっぱりくやしいのです。

人間は、はっきり「ノー」と言うべき「時」と「場所」「状況」では、ためらわずに「ノー」と言うべきです。言わずにがまんすると、気分が鬱々とします。いろいろと問題も起きてきます。

しかし、こと能力に関しては、私は「ノー」つまり「できない」と言うことを極力避けできました。できそうになくても、「できる！」と言うようにしてきました。

ですから、「五分間で一〇ページ読め」と言われたら、できなくても、「できる」と言います。そして、できるようにしていくように自分をし向けていったわけです。

するとできるようになるのです。

創意工夫はそこから生まれます。

私は、勉強でも「わからなくてもいいから前に進め」と申し上げるのですが、それは、そういう確信があるからです。

「わからなければだめだ」では、前に進みません。わからなくてもいいから前に進んでいけば、やがてはわかるようになっていくわけです。

よって、本《テキスト》を読むにしても、活字やウェブの画面などを読むにしても、まず「△ページを△分で読む」と決めてから読むようにするとよいのです。

別項でふれた通り、一般書の一ページあたりの字数は五〇〇〜六〇〇字です。そして、読むスピードも一分間あたり四〇〇〜六〇〇字（五〇〇字前後）が大半です。

試験に役立つスピードは、一・五〜二倍（一分間約一〇〇〇字前後）です。一般書なら二ページ分です。それを基準に、ふだんから早めに読むことを心がければ、速読の力をつけることができます。

次に、勉強での速読は、一分間に四〇〇～六〇〇字のスピードをつけるようにするとよいです。

一般に、教科書《テキスト》を音読するスピードは、一分間に二〇〇～三〇〇字です。黙読の場合は二〇〇～四〇〇字（三〇〇字前後）になります。

したがって、試験で役立つ読み方をしようとするなら、一分間で三〇〇～六〇〇字（黙読の約一・五倍）のスピードをふだんから心がけるとよいです。

教科書の文字数はそれぞれ違いますが、目安として、一分間に教科書一ページを読み切ることを目標にすればよいと思います。

「読書百遍《ひゃっぺん》、意おのずから通ず」と言います。じっくり読むことも大切ですが、ある程度スピードを上げたほうがかえって集中するということがあります。かつ、くり返し読むことで頭に入りやすいものです。

「視点移動」で結果は必ず出る

速読法をマスターするには、六つのポイントがあります。

①集中力をつけること

②視点が速くスムーズに動くこと
③視幅（文字をまとめて見るブロック）を拡大すること
④視読力（一字一句に執着しない読み方）をつけること
⑤語彙《ごい》が豊富であること
⑥内容の把握力をつけること
速読だけが勉強法ではありませんので、これらすべての説明はしません。ですが、ここでは一つ、これだけはトレーニングしてみないか、という方法をご紹介します。

それが②の視点移動トレーニングです。

視点が速く動くことは、速読の必要条件です。

やり方は85ページの図の通りです。

上の図を見てください。この●◎□△群を、下の①と②、それに③Ⅰ、③Ⅱの指示にしたがって、自分のペースで視点を動かします。

四つのトレーニングの時間は、それぞれ一分間です。つまり、一日約四分間だけで結構です。時間の計測は、ストップウォッチか携帯電話などを利用してください。

最初は自分のペースでかまいません。ただ、それぞれに目標を設定しておきましたので、練習《トレーニング》に慣れてきたら、目標達成に向かって練習してください。

これは、いわゆる「目ならし」というものです。視点をスムーズに動ける状態にしておく練習です。

これをやったからといって、すぐ速読速解ができるわけでもありません。

しかし、陸上競技の練習の冒頭には、軽いストレッチとジョギングを定番のように毎日行ないます。それと同じで、勉強に入る前のウォームアップのつもりで、この視点移動トレーニングをするとよいです。

毎日していくと、自然と視点の運びが速くなります。教科書《テキスト》や、テストの設問を速く読めるようになります。

もちろん速く読めるから正解が速く導き出せるわけでもありません。ただ、少なくとも、「あと一〇分あれば」「あと五分あったら」ということはほぼ解決すると思います。

現に、今年の大学入試を受けた学生たちの多くが、この練習だけは毎日少しずつやっていたら、すべての科目でやり残しはなかったと言っていました。

ボディブローのようにジワリ、ジワリと効いていく練習です。少々根気がいります。ですから、勉強を始める前のウォームアップと思って、おやりください。そのほうが長く続けられると思います。

がんばってください。

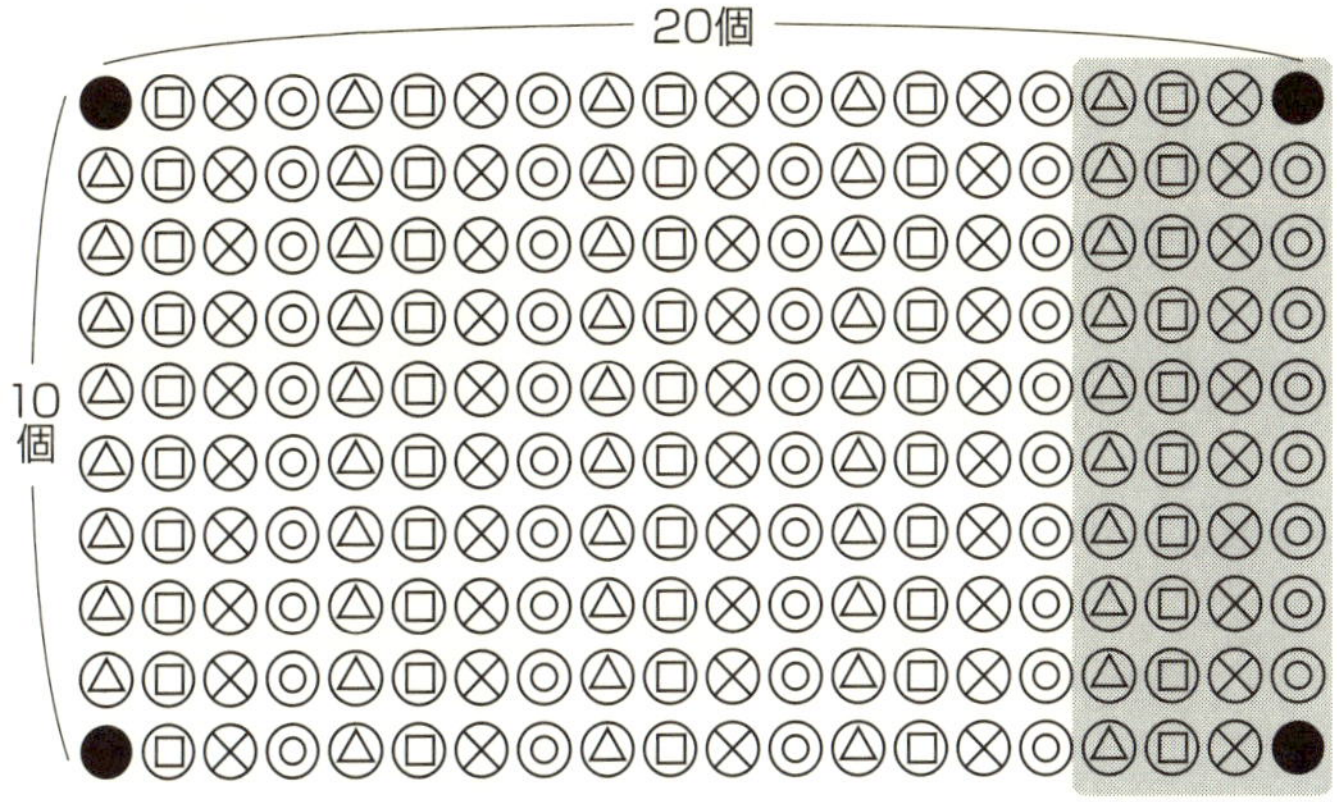

※最初は自分のペースでかまいません

①上下移動

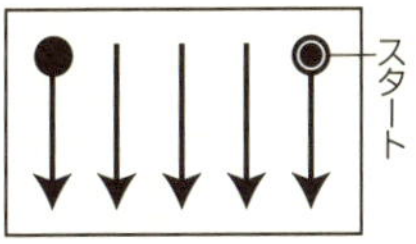

・上記の○を1行ずつ
右上から上下に移動する

1分間目標４往復(80行)

②左右移動

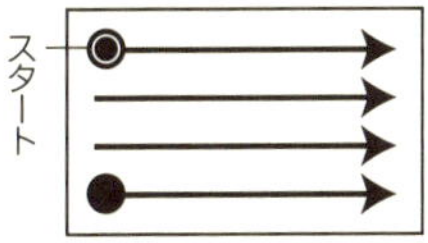

・上記の○を1行ずつ
左上から左右に移動する

1分間目標８往復(80行)

③対角線移動

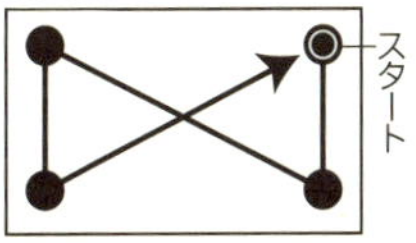

Ⅰ.上記の４つの●を
たてに対角線移動する

1分間目標80往復

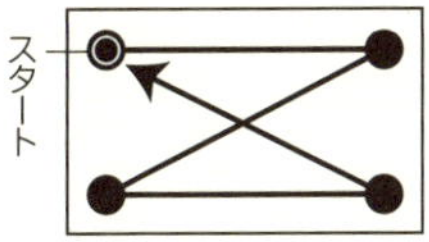

Ⅱ.上記の４つの●を
横に対角線移動する

1分間目標80往復

※目が痛くなったら無理せず、休みながら練習してください

4 「即答力」をつけよう

「問題を読んだだけで答えが見える」力とは

教科書《テキスト》や試験問題文を速く読む力をつけることは、試験を受ける人には必須です。一分間に何千字も読む速読力は必要ありません。前項でも述べたように、一・五～二倍の速さがあればいいのです。

しかし、「速く読む力」は「即答力」とは違います。

設問をいくら速く読めても、選択肢のどれが正解かを速く見きわめる力がなければ、結果的に解答のスピードは上がりません。極論しますと、設問を読んだだけで、「正解がわかる、見える」状態にしておかないと、勝負になりません。

そんな「即答力」をここでつけましょう。

試験という土俵で勝てる力を養うには、教科書もボロボロ、問題集もボロボロの状態になるくらい、「読み込む」「解き込む」ことをしなければなりません。

まず、ご自分の教科書を見てください。真新しいでしょうか。それとも「だいぶ使い込んだなあ」と感心するくらいでしょうか。

真新しい教科書なら、まず読み込むことから始めないと、勝負になりません。

試験を受けるまでには、全教科書を、最低でも五回は「まわす」（読む、解く）ことをしましょう。もちろん、一〇回、二〇回……と読めば読むほど申し分ありません。

これは、いわゆる「過去問」や、学校から出されるテストなどの場合も同じです。少なくとも最低五回はまわす、とおぼえてください。

五回くらいまわしても、まだわからない、頭に入らない、おぼえられない……という人もいると思います。そういう人は、六回、七回、八回……とまわせばいいのです。

反射的に「これ、正解。これ、間違い」とパッパッと即答できる頭をつくるには、それぐらいやる必要があります。前章でも述べていますが、これを「がむしゃら記憶」といいます。

頭の中にたたき込むためには、「読み込む」「解き込む」ことが最低条件であることをよく認識してください。

それが「反射的即答力」を上げる必須条件です。

「がむしゃら」にも近道はある

ただ、「がむしゃら記憶」するにも方法があります。前章と重なる部分もありますが、次の五つを実行するようにしてください。同じ「がむしゃら」でも、効果がぜんぜん違ってきます。

①音読

記憶の定着、固定化をはかるには、できるだけ五感を使うことです。中でも、目、耳、口は重要です。さらにその中でも口を使うことが必須です。

「口」すなわち声を出して読むことは、脳を活性化させます。それだけでなく、目も耳も同時に使うことになりますので、目だけ、耳だけより三倍以上の複合効果があります。

②黙読

声を出すと、かえって集中できない人もいます。その場合、黙読はよいことです。

黙読の最大のメリットは、沈思黙考ができるということです。より深い理解をするには、黙読は非常に有効です。

③声を出しながら確認する

たぶんみなさんも無意識のうちに、「これはこうだから、こうなっていくんだ。そうかッ！」なんて、一人でブツブツ言いながらやっていると思います。

こういう「独り言」は、理屈を確認したりするときに特に有効です。

いつでもどこでもブツブツ言いましょう。人からはちょっと怖がられるかもしれませんが、記憶が定着、固定されます。

④書いて理解する

頭の中が整理できないときは、メモ用紙に書いてみることです。頭を整理するのに役立つばかりか、理解を深めるのにも役立ちます。

⑤説明する

これは特に用語を理解するときや、理屈を整理するときに役立ちます。

即答力が身につかないのは、用語をしっかりと理解できていないからです。用語を理解できているかどうかの差は、人に説明できるかどうかの差です。

だから、これも声を出しながら、「あのね、これは……だから……」と、誰かに説明するかのように口に出していくと、はっきりと用語を把握することができるようになります。

同時に、記憶が頭に定着します。

「何から何まで」はやめなさい

そうやって、がむしゃらに勉強していけばいやでも頭の中に入っていきます。

しかし、声を出しても、黙読しても、書いても、どうしてもおぼえられないものがあります。

記憶術は、そうしたときに活用するとよいのです。

記憶術にはいろいろな方法があって、それを使いこなせば、相当強力な武器となります。ここでは最重要のポイントだけふれます。おぼえたものを忘れにくくするためには、とにかく、身近にあるものと関連づけることです。

昔、ソ連（現在のロシア）の記憶術教室に、日本のカメラが入りました。そこで、数字のおもしろいおぼえ方を教えていました。

日本では語呂《ごろ》合わせが大半ですが、ロシア語では、日本語のようにうまく語呂合わせができません。したがって、彼らは数字の「形」を、自分たちの身近なものに関連づけておぼえているのでした。たとえば、「1」は、たばこ、電信柱、棒、鉄パイプ、鉛筆……などといった具合です。

◎数字の形から身近なものに関連づける

1＝たばこ、電信柱、棒、鉄パイプなど

2＝アヒル、白鳥、鼻、カギなど

3＝くちびる、おしり、胸、山など

4＝ヨット、バレリーナ、ピエロ、スケーターなど

5＝陸上選手、自転車、体操選手、ゴールキーパーなど

6＝スプーン、ゴルフの道具、握りこぶし、足など

7＝ホウキ、肩モミ機、コンパス、火ばしなど

8＝めがね、ゴーグル、目、サーキット場など

9＝音符、おたま、虫カゴ、フライパンなど

0＝タイヤ、皿、ふた、太陽など

その数字の形の一部が身近なものに関連づけられればいいのです。
たとえば、

日本人には「語呂合わせ」という強力なおぼえ方がありますので、このような関連づけは、あまり適しません。しかし、ここから、私は「記憶術というものは、身近なものに関連づければ、忘れにくくなる」という確信を持ちました。

こんな原始的な（?）おぼえ方で、彼らは鉄道の時刻表を記憶するという離れ技をやってのけていました。

こういうおぼえ方は、語呂合わせという強力な記憶法のある日本人には、あまり適さないように思います。しかし、私はこのテレビを見て、改めて、「忘れにくい頭をつくるには、自分にとって身近なものに置き換えたり、貼りつけたりすればいいんだ」という確信を持ったのです。

何かおぼえにくい言葉や文章、図表などがあれば、とにかく自分のよく知っている身近なものに、関連づければいいのです。そうすれば、思い出すのも楽になります。

何から何まで「がむしゃら記憶」する必要もなく、また何から何まで記憶術を使用する必要もありません。おぼえる内容、量、難易度に合わせて、ときには「がむしゃら記憶」、ときには記憶術というように使い分けるのが得策です。

大事なことは、反射的に即答する力をつけることですから、方法にこだわることはありません。反射的に即答できるなら、何でもよいのです。

ただ、いずれにしても教科書や問題集がボロボロになるくらいやりましょう。

3章

「試験得点力」が面白いほど高まる

How to effectively study

1

「ミス率」最小化のテクニック

小さな「印」の大効果

テスト終了後の自己採点は、悲喜こもごもです。

「ああ、よかった。ここ合っていた」

「やっぱり最初の答えでよかったんだッ、チクショーッ！」

「え？　何で、こんなところで間違っちゃったの」

一番くやしいのが、答えはわかっていたのに、ちょっとした勘違いで誤答になった場合。次にくやしいのが、見直しの際に書き直して間違った場合ではないかと思います。

要するに、正解がわかっているのに、勘違いした場合といえます。

Zさんは特にこれがひどい人でした。

問題文には「間違いを一つ選べ」とあるのに、正しいものを選んだり、逆に「正しいものを一つ選べ」とあるのに、間違ったものを選んだり……そんなつまらないミスで、Zさんはいつも合格点がとれないのでした。

Zさんのように「ミスでいつも不合格な人」はそう多くないと思います。ですが、「ミスをしがちな人」となると、思い当たるフシがあるのではないでしょうか。

そこで、「どうしたらミスを最少限にするか」を考えてみましょう。

まず、当然ですが、問われているところに鉛筆で印《しるし》をつけることです。

「正しいものを一つ選べ」の場合は「正しい」のところにアンダーラインをサッと引く。「正しいものを二つ選べ」では、「二つ」のところを丸で囲む。一秒もかかりません。

これは多くの人がすでにやっておられると思いますから、声を大にして言うべきことではないかもしれません。

しかし、ミス、特に平凡なミス（凡ミス）の多い人は、印をつける習慣《クセ》をつけるとよいと思います。

試験の合否はたった一点差で決まることもあります。ですから、たった「印をつけるだけ」の習慣も非常に重要になってくるのです。これで合格ラインの一点を守ることができるかもしれません。凡ミスの多い人は習慣づけてください。

これは試験に限らず、自宅で問題集をやる場合においても実行するとよいと思います。

「機転」を速くする技術

さて、ミスや凡ミスを根絶する方法にもう一歩踏み込みましょう。

まず、テストの最初に、全部の問題にサッと目を通すべきです。これは当然のことのようですが、やっていない人が案外多いものです。

そして、問題を、次の四ランクに分類します。直感でかまいません。
A　すぐできそうな問題
B　ちょっと考えればできそうな問題
C　ゆっくり時間をかける必要のある問題
D　まったく手に負えない問題
同時に、問題の頭か横に、鉛筆でこのA〜Dのランクをどんどん書いていきます。

その上で、まずA、次にB、それからC、ゆとりがあればD、の順でとりかかります。

これがミスをなくす基本です。

前出のZさんは、これを逆方向から進めていっていました。まずC、次にB、それからA、ゆとりがあればD、の順です。時間のあるうちに「ゆっくり時間をかける問題」を解くのです。それさえやれば、あとはB、Aランクの簡単な問題ですから、短時間で解け、ミスも少ないという理屈です。

一見よさそうに思えます。

しかし、これだとZさんのように失敗することが多いのです。

試験の合否は、しばしば一点、二点の僅差です。たった一点の不足でも不合格は不合格。合格とは無限の差が開いてしまいます。ですから、テストでは、点がとれるところは確実、絶対にとっておくのが大前提です。

ですから、やはりすぐできそうなAランクの問題から取り組むのがベストです。そのほうが、圧倒的に凡ミスも少なくてすみます。

もう一つ重要なのは、「答えに詰まったら次に進む」ということです。

直感での分類ですから、たとえA、Bランクの問題でも、答えにグッと詰まることはあります。そのときは、問題の頭か横に、「◎」とか「●」の印をつけて、解くのをやめ、どんどん先に進むべきです。

この機転の速さが、勝敗を決めます。

テスト問題の数というのは、受験生をふるいにかけるために考えられている面もあります。たとえば、社会保険労務士の試験などは、二一〇分間で七〇問を解くようになっています。択一式とはいえ、一問あたり約三分間で解答をしていかなければ間に合いません。これで何割の受験生がふるいにかけられるのでしょうか。いずれにしても大変なスピードが要求されるわけです。一問一問にとらわれていては間に合わないのです。

たとえ「あと一分間だけ時間をかけよう」と考え、それで解答を得たとしても、それを何度もくり返すと、「もう時間がない」とあせりが生じがちです。そうなると凡ミスを犯しかねません。

一点の重みを軽視してはいけないと思います。

テストではできるだけ凡ミスを少なくし、とれるところは確実に絶対にとる、ということを念頭に置いて試験に取り組むべきです。

「きれいに」でなく「ていねいに」が点に結びつく

凡ミスの多いZさんのノートを見せていただきました。すると、大変に乱雑であることがわかりました。

特に計算問題のページでは、あとでZさん自身が見ても、どこから始まり、答えはどこにあるのかわからない始末でした。

凡ミスの多い
Zさん
NOTEBOOK

ちょっとした計算ミスは誰にでも起こり得ます。が、それがしばしばなのは、注意力が不足しているということです。注意しないクセがあるということです。

一〇人いたら一〇通りのクセがありますから、ZさんにはZさんのクセがあって当たり前です。ただ、よいクセならいいのですが、悪いクセは直すように心がけたほうがいいと思います。

私は、Zさんの凡ミスの多さは、注意しないでノートをとるクセが大きな原因ではないかと思いました。

字をきれいに書く必要はありません。

しかし、ていねいに書くことは重要です。

それが注意力を増強するのです。

Zさんに、いきなりテストで「ていねいに書け」と言っても、できないでしょう。ふだんのクセが出てくるのですから。ましてや試験という特殊な空間と状況の中では、「ていねい」という思いなどどこかにふっ飛んでいるはずです。言い換えれば、注意力が不足したまま試験に臨んでいるということです。

ですから、ふだんの勉強の中で、意識してていねいに書くことが重要なのです。

さてここで、凡ミスをなくす方法として、私はもう一つ「部屋をきれいにする」ことを提案したいと思います。

試験とは一見関係ないように思われます。

しかし、「心の状態」は「部屋の状態」に反映されることが多いのです。

極端な例でいえば、たとえば鬱病になると、部屋が散らかりがちです。なぜなら、部屋を片づけることすら、心の大きな負担となるからです。

これと同じように、「心の乱れ」は「部屋の乱れ」となって表われます。

よって、凡ミスを防ぐ方法の一つとして、部屋をきれいにするよう心がけてください。

中には、「少しぐらい散らかっていたほうが集中できる」という方がいます。そういう方は、せめて、机の上だけでも整理整頓してください。

机の上まで散らかっていると、勉強がおっくうになるものです。

私は学生の頃、試験前は必ず部屋のそうじをしたものです。「部屋のそうじは心のそうじと同じ」と位置づけていました。

部屋がきれいになると、「さあ、勉強するか」という気持ちになるものです。もちろん「部屋がきれい」が直接、テストの点数に比例するものではありません。しかし、そういう心がけをふだんからしていれば、ノートのとり方も変わると思います。それがひいては、テストの凡ミスを防ぐことになるのです。

「記憶の基本は整理にある」と別の章でもふれました。

整理されていれば、頭に入りやすいし、また再生するのも楽になります。逆に言うと、整理されていないと、「あれはどこへやった？」「これはどこにある？」と探さなければならなくなり、あわてることになります。だから、ノートに限らず、部屋もあわせてきれいに整理整頓を心がけましょう、と申し上げているのです。

あせったときの心理コントロール

前出のZさんは、試験のときにしばしばあわてるそうです。

そもそも「あわてる」のは、予期せぬ事態に陥ったときの心理です。

ですから、凡ミスを防ぐためにも、「あわてない心」をつくることが大切です。

とはいえ、どんな状況にもあわてないというのは、基本的には無理です。誰もが必ずあわてるものだと思って間違いありません。

ただ、あわてる状況にあっても、「あわて方」を小さくすることは可能です。

では、実際どうしたらいいのでしょうか。

一番簡単で効果的な方法が「呼吸法」です。

コツは「息を長めに出す」ことです。
「息」という漢字は「自分の心」と書きます。つまり、自分の心理状態と呼吸とは密接な関係があるのです。

①不安定なとき

あせり、不安、驚き、怒り、興奮といった不安定な心理状態のときには、「吸気運動」が強く働きます。子どもが泣くのを見ると、しゃくり上げています。ワッと驚かされたとき、思わずヒェーッと「息を飲む」ものです。

こういった不安定な状態のときは、息も浅くて速いのです。

②安定しているとき

落ち着く、安心、リラックス、楽しいといった安定した心理状態のときには、「呼気運動」が強く働きます。不安から解き放たれると「ホッと」息を吐きます。熟睡している人の息は長いものです。

安定した状態のときは、息は深くて長いのです。

私はときどき、電車の中で対面に座っている人の肩の動きを見ます。

肩の動かない息をしている人は問題はありません。しかし、肩で息をしている人には、「何か心配ごとでもあるのかしら」と思ってしまいます。

これを逆にいえば、呼吸を安静にすれば気分が安定し、呼吸を乱してしまうと気分も乱れるということです。よって、「あわてている」ときには長めに呼吸をする、もしくは思い切って「ハーッ」と息を吐き出すといいのです。

よく、プロ野球中継などを見ていると、緊張する場面で、ピッチャーもバッターも呼吸を「フッ」と吐き出すシーンを見ます。

あれは、即席の心理コントロールをしているのです。

ただ「あわてている」ときというのは、その「あわてている」ということすら、気づかないことが多いものです。ですから、ふだんから、気づいたときでよいですから、

「イライラしたな、と思ったらすぐ深呼吸」

「カリカリしたな、と思ったらすぐ深呼吸」

と自分に言い聞かせ、息を長めに出すようにしてみてください。かなりコントロールができるようになります。

息とともにマイナスを吐き出す

私はストレッチ体操も教えていますが、筋肉を伸ばすとき、「伸びている筋肉を意識し

伸びている筋肉から息を吐き出すつもりで・・・

て、そこから息を吐き出すつもりでやってください」と、よく言います。

呼吸は、肺でするものです。伸びた筋肉から呼吸などできるはずがありません。ですが、イメージでやると、これができるのです。

足の裏からの空気の出し入れはもちろん、手のひらからも、ひざ、ひじからも、頭のてっぺんからでも、イメージの世界なら呼吸ができるのです。

たとえば、足の裏のまん中（足心《そくしん》）に意識を向けて、そこから呼吸に合わせて空気が出たり入ったりするイメージを持つと、おもしろいもので、実際に足の裏がスースーするような感じになります。

というわけで、筋肉に意識を向け、そこから息を吐き出すつもりでストレッチすると、伸びて悲鳴をあげている筋肉がさらに伸びていきます。

これを発見したのは、役者修業をしていたときです。「今、どんな感情が起こっている？」と演出家から問われ、「くやしい気持ち」なんて言うと、「その気持ちをアーッという言葉に乗せて出しなさい」などと言われたものです。

この発展が前述の呼吸法なのです。

イライラした気分を、吐く息に乗せて外に吐き出す。ドキドキ、カリカリした気分を同じく息に乗せて吐き出す。こうすると、気分だけでなく、肉体までもある程度コントロールすることが可能になります。

私のストレッチ体操の受講生が、まぶたを四針も縫うケガをしたとき、「麻酔なしで縫いました」と言っていました。「そんな気丈なこと、よくできましたね」と驚くと「痛いところから息を吐き出せと、椋木先生はいつも言っているじゃありませんか」と。なるほど、合点がいきました。

もちろん、この程度のケガだからできるのですが、逆に言うなら、この程度のケガでも、呼吸でコントロールできるのだという証拠でもあります。

ふだんから、自分の気分と向き合って、イライラ、カリカリ、ドキドキしたら、その気分を息に乗せて、外に吐き出してください。体に疲れ、こり、多少の痛みがあるときなども、息に乗せて吐き出すと、コントロールが可能になります。

そうした心がけがあれば、試験当日に想定外のことがあっても、それを吐き出せば、落ち着いて解答ができます。凡ミスを少なくすることも可能です。

「消しゴム」は使うな

さて、もう一つ凡ミスを減らす方法を紹介しましょう。

「間違った解答は消しゴムで消さない」ということです。

あとで見返しをしたとき、「どうして間違ったのか」「何を勘違いしたのか」を自分自身に明確にわからせるためです。

記憶にはいろいろな原則がありますが、「失敗」が記憶の定着率をよくし、かつ固定するのに役立つことを、多くの人は知らないと思います。

なぜなら、「失敗はいけない」と思っているからです。

しかし、よく考えてみると、失敗したことは、長期に記憶するものだということを誰もが経験的に知っています。

心の痛む例ですが、凶悪犯罪を犯したある少年の生育歴などを追跡調査した本を読んだことがあります。離婚した母親に育てられたのですが、彼は幼い頃、母親にずいぶんたたかれたようです。ところが、成長し、体が大きくなるにつれて、今度は彼が母親に暴力をふるうようになります。そのときの言葉が、今でも印象に残っています。「俺もあのとき、こんなに痛かったんだよぉー」と言うのです。

体の痛み、心の痛みは、なかなか消えにくいものです。同じ痛みでも、たとえばお産のように喜びに通じる痛みなら時間とともに消えますが、憎しみ、くやしさなどをともなった痛みは、心の痛みと重なっていますから、消えにくいのです。

テストの失敗は、強い心の痛みをともないます。その痛みは次のテストに活用する必要があります。記憶という観点からしても活用できるのです。

すなわち、間違った解答は赤ペンなどで線を引き、正解を書いておくこと。これが次のテストで凡ミスを減らす方法です。

小論文のミスをなくす特別な方法

小論文もまた同じです。

小論文は、人によって違いが出てきますから、一〇〇パーセント正解ということはまずありません。しかし、「ここだけは押さえておけよ」という用語、凡例《はんれい》などがあるはずですから、そこをはずしては落第点になってしまいます。

テストのあと模範解答を手に入れることができると思いますので、自分の解答と見比べながら、過不足をチェックしてください。

これは、どんなに「時間がない」という方でも、絶対にはずしてはならない必須課題だと思います。

「いや、本当に小論文の過不足をチェックする時間がないんだ」と言うのなら、もうその試験を受けること自体、おやめになったほうがよいと思います。

大変な覚悟の上で受験しようと思ったわけですから、「これはできない」「これは無理」と言うのなら、その覚悟が問われます。1章でふれた精神性が疑われるわけです。

模範解答と自分の解答との過不足のチェックが終わったら、模範解答を書き写すことをおすすめします。

ただし、これは自分の勉強時間と相談しながらです。

あるテストで、勉強したのに三〇点しかとれず、ショックを受けた人がいました。これで一気にモチベーションが落ちて、「もう勉強する気になれない」と思ったそうです。

でも、そのあと、こういう「心の言葉」が聞こえてきたそうです。

「こんなことでへこたれてどうすんのよ。こんなにあなたはちっぽけな人間だったの」

もう一人の自分の声というか、神の声というか、「本当にはっきりと聞こえたんです」と、その人は笑っていました。そして、この一言で、ピーンと気持ちが切り換わったと言っておりました。

こういう人が最後は笑うのでしょうね。

2

「試験が楽しい」人がやっていること

過去問をまわそう

勉強コーチングを受けに来たある人がこう言いました。

「過去問《カコモン》（過去に出題された問題）をいくらやっても、その問題がそっくり出るわけではない。だから、やる意味がない」と。

一面は、その通りです。特に時代の変化がそのまま反映されるような資格試験では、その傾向は強いように思います。中小企業診断士、公認会計士、不動産鑑定士などがそうです。このような資格試験では、過去問をやるよりも、専門学校から出てくる予想問題の答練をやるほうが、よほど合格率は高くなるように思います。

しかし、時代の変化とあまり関係のない資格試験などでは、やはり過去問をやる意味は大きいと思います。高校入試、大学入試などでも同じです。

たとえば偏差値の高い志望大学にはみごと受かったけれど、それより偏差値の低いすべり止めの大学は三校受けて全部不合格だった……という人がいます。それはずばり、その出題の視点が大学ごとに違うからです。志望校に受かりたいなら、それに合わせた勉強をしていかないといけないわけです。過去問をやって、出題傾向をしっかりとつかむ必要があるわけです。

したがって、一般的には、やはり過去問はやったほうがよいと思います。

ただし私は、過去問をする意味は、傾向と対策を知るためというより、「試験慣れ」のためという位置づけをしています。

過去問で満点をとれるぐらいの力をつけておかなければ、やはり土俵には立てないからです。

過去問がそのまま今年の試験に出るわけではありません。また、過去問はくり返しやれば自然と答えをおぼえるので、満点をとっても意味がないと言う人もいます。

しかし、逆に、だから過去問で満点をとれる力をつけておかないといけないのではないでしょうか。

私のところに相談に来る人の多くは、「教科書を読んでもわからない」「やる気が起きない」「不安だ」「勉強が進まない」「時間がない」という問題を抱えています。そのため、私は勉強を始める前に、「土俵」につかせる力を最低限つけてもらおうと、過去問をやってもらいます。

問題を抱えた人に、「まずテキストを徹底的に読みなさい」と言っても、ますます不安や絶望感を増幅させるだけです。土俵に引っぱり上げるには、「やれるところからやる」「できることからやる」を実行して、自信を持ってもらうことです。

「やれそうだ」

「何とかなるかもしれない」

「勉強がおもしろいと思えるようになってきた」

こう思ってもらえるようになるのが、過去問なのです。

過去問の取り組み方については、前著『図解 超高速勉強法』を参考にしていただければと思います。

まず、最初の一回目、二回目あたりは解答を見ながらでもいいから、答えを解いていくことです。そうして、三回目あたりから解答や解説を見ないようにして「自力」で解いていくようにします。

それをせめて五回はまわすことです。勝負できる力、合格する力を養うことができます。それで少なくとも土俵につけます。

「これなら間違いない!」の発見

次ページを見てください。

「過去問を五回はまわす」ということを図にしたものです。過去問を実施した日付と、その問題数および正解数。下の段はその正解率を表記しています。

試験によって科目数が違いますので、ご自分に合わせて表をつくってみてください。

図の数値は私が勝手につくったもので、根拠はありません。ただし、図そのものは、私がコーチングをしていた人が自主的につくった成績表(実際は「実施状況表」といったほうが正しいかもしれません)ですから、模式表だと思ってよいです。

その人は、上司の命令で、ある資格試験を受けることになりました。

一年前、同じ試験に落ちており、「今年は何としても」という追い詰められた状況にありました。それで、私のコーチングを受けることになったわけです。ただ、気分にムラがあり、勉強するときはガーッとやるけれど、気が乗らないと鬱々としがちでした。

なお、その人の受けた資格試験は、時代の影響をあまり受けないものでしたから、過去問をやる価値は十分あったのです。

◎過去問の成績表

科目＼回数	1回	2回	3回	4回	5回
A	1/6　40/60	2/6　47/60	3/6　50/60		
	66%	78%	83%		
B	1/6　50/70	2/6　62/70	3/6　60/70		
	71%	88%	85%		
C	1/6　45/80	2/6　49/80	3/6　60/80		
	56%	61%	75%		
D	1/6　25/50	2/6　30/50			
	50%	60%			
E	1/6　41/65	3/6　49/65			
	63%	75%			
F	2/6　47/80	3/6　50/80			
	58%	62%			

●この表の見方（この表は「たとえ話」ですから、実際の問題数とは関係ありません）

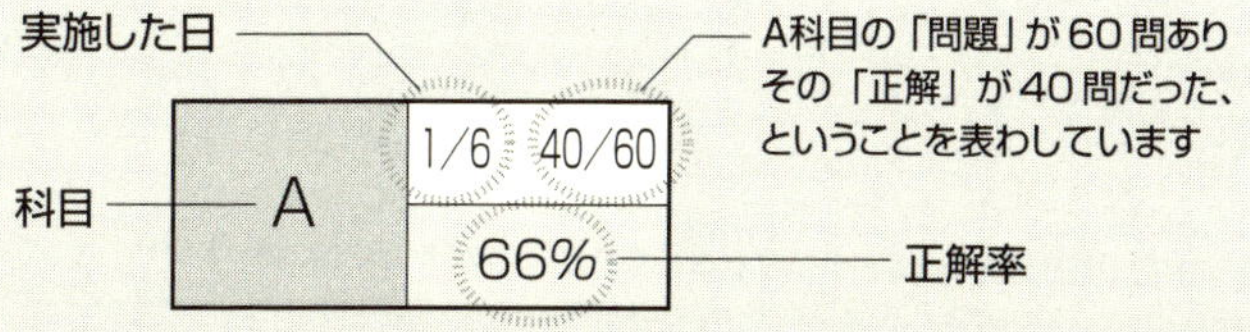

※同じ問題を何度も解けば正解率が高くなっていくのは当然です。最終的に、100%を目ざすべきですが、試験という土俵に上がるには少なくとも、全科目85%以上をとれるようにしておかないと勝負できません

※「成績表」をつけることは客観的に自分の勉強の進捗度や実績の積み重ねを知るのに有効です。学校が出す予想問題を完全攻略するのにも役立ちます

とはいえ、過去問さえやっていれば受かるような安易な試験はありません。ましてや気分にムラがあると、勉強は進みません。

そこで成功条件の鉄則の一つである「やれることからやる」「できることからやる」をスタートにしたのです。

それが過去問です。

不合格前の一年間は、みっちり勉強をしてきたので、「過去問五回まわし」の一回目から、彼の正解率は八〇パーセント前後もありました。当然、回を重ねるごとに正解率は高まり、最終的に九四〜九七パーセントにもなったのです。

おもしろいもので、「回数を重ねれば、正解率が上がるのは当然だ」ということがわかっていても、正解率が上がるにつれ、やる気、意欲、最後まで諦めずにやり通そうという信念、執着心が明らかに強くなってきました。

これが「教科書を徹底的にやる」ことにつながり、不得意のところは、「録音機」に声を吹き込み、会社の行き帰りに「流し聞き」をやるなど、勉強の幅が出てきたのです。

「合格するか？」という不安は持ちつつも、「何とかなるかもしれない」「ここまでやったんだから大丈夫だろう」などの期待感のほうが強くなってきたのです。期待感は意欲を駆り立てます。それはやがて、「必ず受かる」「必ず受かってやる」「必ず受かってみせる」

という信念になるのは間違いありません。

彼が、その試験に合格したことは言うまでもありません。

「答練」成功帳

「答練」とは誰がつくった言葉なのか知りませんが、うまくつけた言葉だと思います。「答案練習」を略して「答練」なのですが、過去問を攻略することは「自己答練」だと私は思います。

これに対し、専門学校で出す「予想問題」や「模試」は、まさに「答練」にあたります。私はこれを「試験慣らし」と位置づけています。

勉強の進捗状況にもよるでしょうが、答練は受けたほうがいいに決まっています。

さて、重要なことは、この「答練」の問題も、できれば「五回まわし」をやったほうがいいということです。

「教科書に追いつくだけで、精一杯だ」という人が多い中で、「答練の五回まわし」は無理だと思うかもしれません。

しかし、そこは工夫してください。

どんなに少なくても最低三回はまわしたほうがいいと思います。

では、どう工夫するか？

それは計画の立て方のところで一緒に勉強したいと思います。ここで申し上げたいのは、そのくらいの覚悟と意欲がほしいということです。「大変」を承知で勉強を始めたのですから、そこはぜひがんばってほしいと思います。

捨てる勇気を持つ

難関の資格試験や入学試験では、受講生は、膨大《ぼうだい》なテキストを読み込み、よく理解し、よく記憶し、ものによってはよく計算問題もします。「こんなにもやるの？」と、気が遠くなるような量に、受講生たちは果敢に取り組んでいます。

その姿を見ると、本当に心から感動するし、かつ応援したくなります。

ただ問題は「時間」です。時間は無限にあるわけではありません。

本当ならテキストの隅から隅まで、くまなく勉強するにこしたことはありませんが、現実にはむずかしいものです。となると、一冊のテキストの中でも、いくつかのランク分けをしたほうがよいようです。

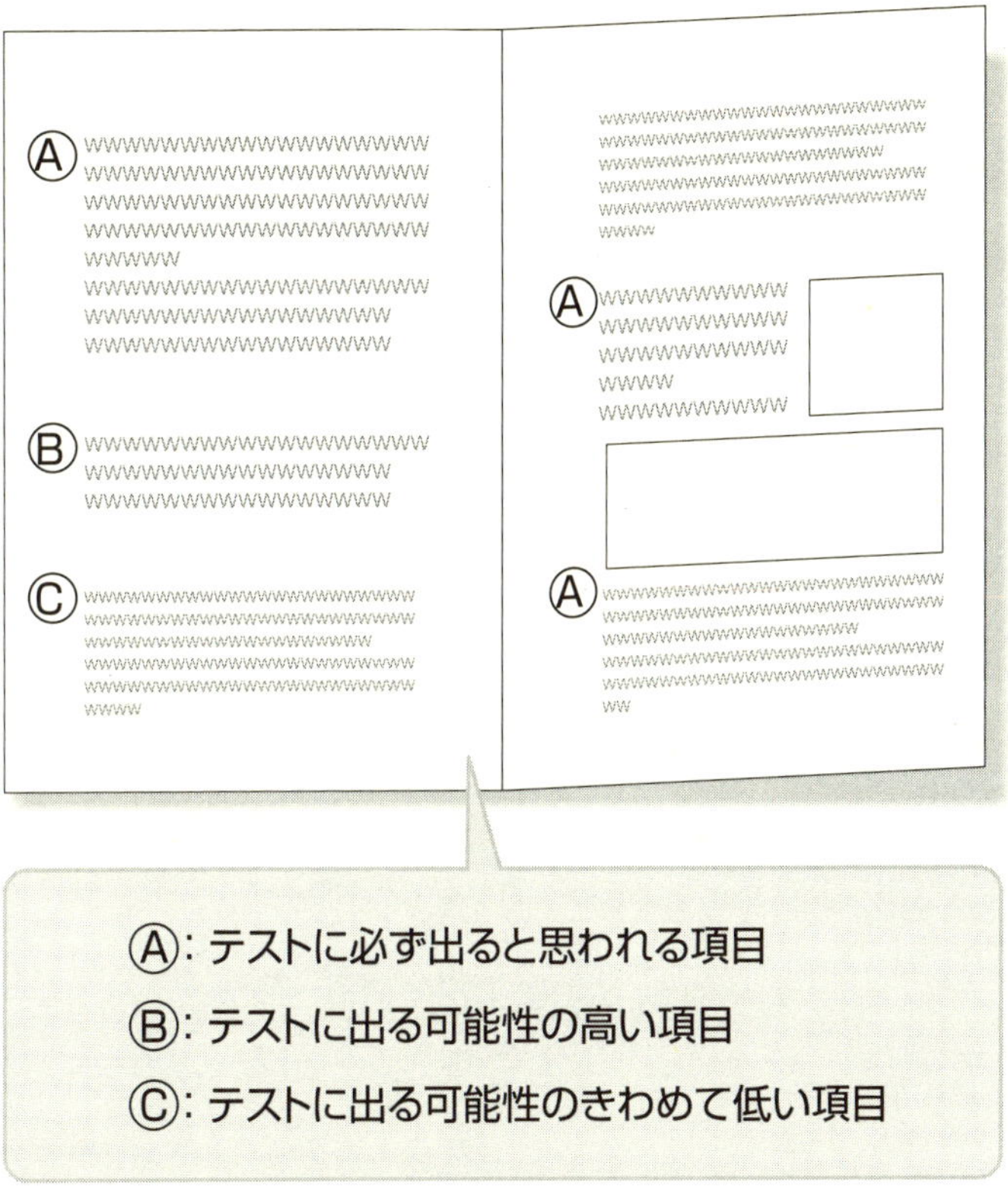

※実際は、この図のように見開きの中にA、B、Cが混在していることは、まれです。これはあくまでも模式図と思ってください

※当然、時間をかけるところはAです。時間が足りないのに試験に間に合わせるには、最低Aだけでもやって「土俵」に上がることです

※少し余裕があればBの勉強（理解、確認、記憶）をしておいたほうがよいと思います

※Cは、はなから捨てること。Cまでやっていたら間に合わないし、逆に不安感を増長させるだけです

Kさんは、専門学校に通う学生です。大学の在学中に公認会計士の資格をとろうと決断したのが大学二年生のとき。

大学の勉強と資格の勉強は両立できないことを知り、大学三年生までに卒業できる単位を全部とり、一年間は資格試験に没頭できる態勢を整えました。

朝の六時過ぎに出かけ、夜は一〇時、一一時に帰ってきます。そんなに早朝から学校に出る必要などあるまいと思いますし、そんなに勉強をして大丈夫かと思うぐらいですが、Kさんは、それでも時間が足りないというのです。

学校では生《ナマ》授業を受けたり、ビデオ教材を見たり、自習室で勉強したり……それだけやってもやはり当然わからない科目、不得意科目が出るわけです。

そこで、テキストに、前ページの図のようなランク分けをしてみました。テキストの文章のひとまとまりの頭にA、B、Cを明記していくのです。

・最重要（A）

・重要（B）

・たぶん試験には出ない（C）

ここで大切なことは、「捨てる勇気を持つ」ことです。時間的、精神的に余裕がないときは、まずCは完全に捨てます。その思い切りのよさが、合格率を上げるのです。

切り換えの速い人は合格が早い

テキストには、四角（□）で囲んだ部分がしばしばあります。重要点という意味の囲みではありません。「参考」「おぼえておいたほうがいい」とかいう□《かこみ》です。

これを逆にいえば、□で囲んだところは基本的におぼえる必要はないということです。たとえば不動産鑑定士の試験に必須の小冊子『不動産鑑定基準』でも、□で囲んだところはテストには出ないと言われています。

ところが、皮肉なことに、出ないはずなのに出ることがままあるそうです。そう聞くと、「やはり、□で囲んだところもおぼえなくちゃ」という気になり、結局、全部丸暗記しようとしてしまい、挫折の可能性を高めてしまうわけです。

しかし、今年の不動産鑑定士の試験（単答式）で八割をとったというU氏は、「もし、そういう個所が出たときには、交通事故に遭ったようなものだと思って、捨てる」と言っていました。

彼の鑑定基準の小冊子はもうボロボロで、当然、□のところも一通り目を通しているようですが、本文に比べると比較にならないほどきれいです。

先のKさんも同じことを言っていました。

「Cの個所は切る」という決断は、完璧主義のKさんにとって苦渋の選択でした。「もし出たらどうしよう」という不安感をいつも抱えることになったからです。

ただ、切り捨ての思わぬ派生効果も生まれたようです。

それは、考え方の切り換えがうまくなったことです。

別項でも話したように、反省はしても後悔をしてはいけません。「あのとき、ああすればよかった」といつまでも後悔するのは、試験合格へ向けての精神環境として、よいものではありません。

ですから、「出ないと思っていたところが出たら、それはそれでしかたない」と考え方を切り換えることです。

「点のとれるところでは必ずとる」

という気持ちで、AやBに集中したほうがよいと思います。

Kさんは、その切り換えに習熟したと言っていました。

3 迷ったときの対処法

直感は当たるか

勉強には「終点」はなく、これで「完璧」というものもありません。勉強というものは、やればやるほど、不安になります。深く追求すればするほど、不安感は増大するといってよいと思います。

もちろん、自信もついてきます。

自信と不安感が同居するアンバランスな状態です。

ですから、たとえば五つの選択肢から「正しいものを二つ選べ」といった問題の場合、一つは確実に選べても、あとのもう一つが、「あれ?」と迷ったりすることがあるのも、しかたがないでしょう。

最初は自信を持って選んだのに、あとで見直したら迷いが出ることがあります。

あとで書き直したら間違っていた。それに気がついたときのくやしいこと。「ああ、はじめの答えでよかったんだ。チェッ、書き直すんじゃなかった」と思います。

もちろん逆もあります。「書き直してよかったあ！」と。

そのどちらの体験もあるものですから、試験では、しばしば「書き直すべきか否か」を迷うことになります。

私なんかは、「どれにしようか、天の神さまに問うてみればよくわかる」などと歌を唄って決めていました。また、「鉛筆倒し」もよくやっていました。まったく、どうしようもないやり方をしていました。まあ、本書を読むぐらいの人には、私のような人はいないと思いますが……。

ただ、実際に迷ったときの対処法は、あらかじめ決めておいたほうがよいと思います。

①直感優先
最初に設問を読んで、「直感」で正しいと思ったほうを優先する。

②「必ず」は落とす
「必ず」とか「すべきである」というような表現には「落し穴」が多いから、それは×にする。

③とりあえず進む

◎解答に迷ったときの悪い例

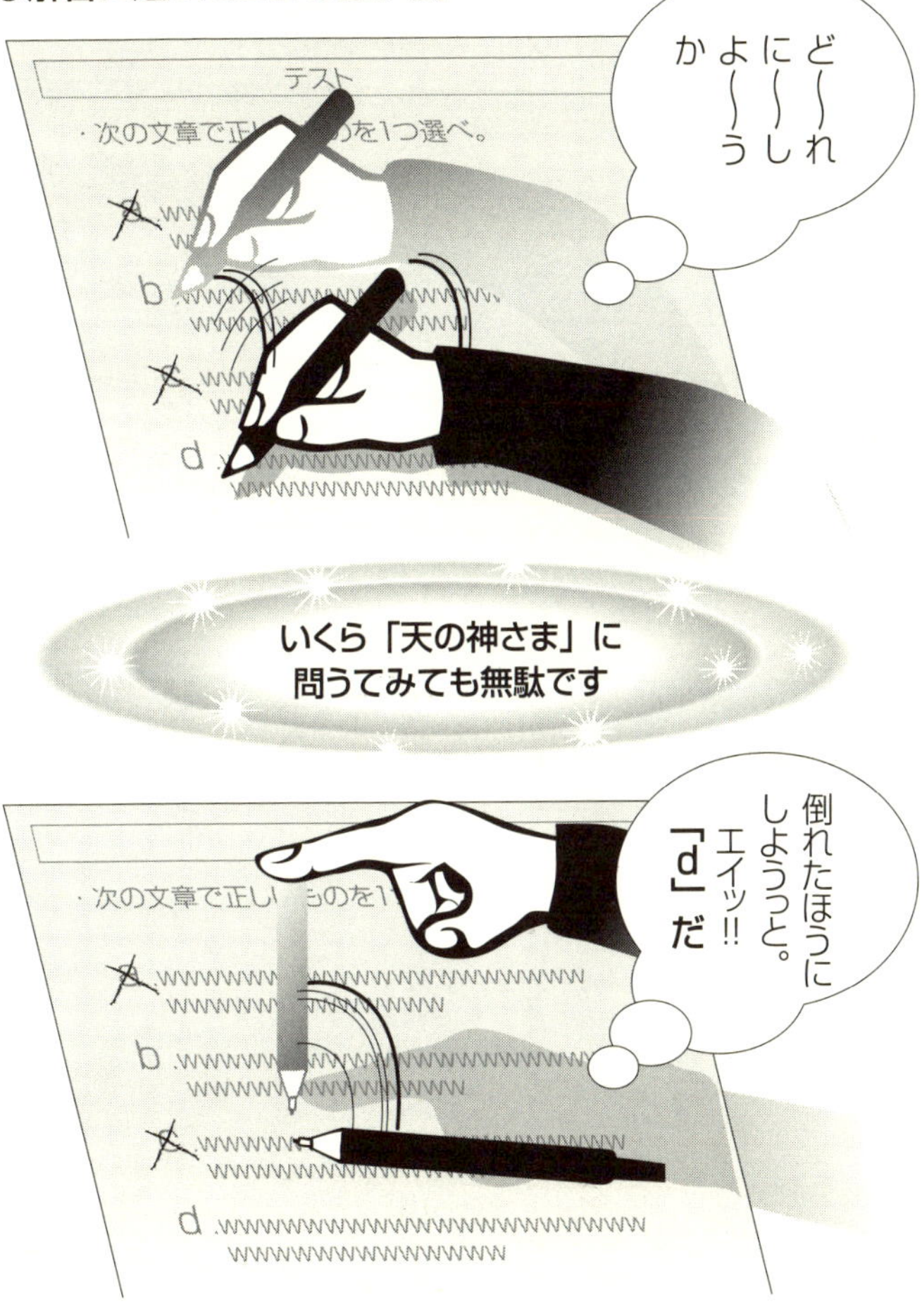

こんなことで正解を求めている人はいないと思いますが、知識があやふやで、「どちらが正解か言い切れないぐらい迷ったときは、どうする」ということは、自分であらかじめ決めておくとよいです。

迷った設問はあとまわしにして、ほかの問題にすぐ進む。あとで見直すときは、迷った文を三回ずつゆっくり読んで決める。

④記憶呼びもどし法

引っかかっている語句に線を引き、遠くにある記憶を呼びもどして決める。

⑤オカルト法

選択肢として並べられた順番の早いほう（もしくは遅いほう）に○をつけることにする。

⑥ギリギリ法

最後のあまった時間を「迷い設問」にあて、ギリギリまで考える。奇跡は起きないが、それでもギリギリに追い詰められたとき、ポーンとひらめくことがたまにある。

何らかの試験を受けてきた私たちですから、一点の重みは知りつくしていると思います。したがって、たとえ「迷い設問」もおろそかにできません。最後まで諦めてはいけません。逆にいえば、だからこそ、とれるところで確実に点をとれるように、答練や模試では、次の二点はしっかりチェックしておく必要があります。

・なぜ、間違ったのか

・今後、間違えないようにするには何をどうするか

「テストをやりっぱなし」にするかどうかが、「一点の差」になります。ソツのない勉強

をふだんからしているかどうかの差は大きいのです。

「合格仲間」をつくろう

人間は弱いですから、何らかの支えが必要です。特に苛酷な試験であれば、何かしらの支えが必要です。

支えには、目に見えるものと目に見えないものとがあります。

「目に見えない支え」とは、「必ず受かる」という強い信念、「受かったら△△をしたい」という夢、希望などの内面を意味します。

「目に見える支え」とは、家族や、恋人、また恩師や友人です。

中でも、一緒の志を持っている友の存在は大きいと思います。

①単なる情報交換だけの友

②傷をなめ合う友

③互いに切磋琢磨し合う友

そのどれなのかの見きわめが重要です。

結論から言うと、③のようなよき友、意識の高い友、「これぐらいできて当たり前」といったレベルの高い友とつき合うことをおすすめします。

私のような劣等感の強い人間は、レベルの高い友は敷居が高く、とても近づけないものです。ですから、②のような傷をなめ合う友と気が合うようになります。

しかし、こういう友は一面、非常に大切ですが、合格という目標を持ったら、あまり好ましい友とはいえません。妥協が多くなるからです。「まあ、いいか」という感じになるのです。

「まあ、いいか」はときに救われますが、毎日それでは進歩しません。よって、友を選ぶときには、いつもサボらず勉強をしている人を友に選ぶといいと思います。

もちろん、こちらが近づいても相手が友人になってくれるかはわかりません。しかし、そういう友を選ぶことで「合格仲間」に入れる可能性が高くなります。

自分を刺激してくれる人をとにかく選ぶことです。

合格する大事な要素です。

4章

「独学革命」効率はまだ倍加する！

How to effectively study

1

「勤務・教科書自前」の勉強法

八つの勉強スタイル

自分の「勉強スタイル」によって、勉強のし方は大きく変わります。

・教科書（参考書、問題集を含む）の選び方
・計画の立て方
・時間の使い方
・空間の取り方
・モチベーションの持ち方

など、ちょっと考えただけで、少なくとも五つの違いが出てきます。

私が考えるに、これらに、独学か通学か、勤めているかいないかなどの要素を加えて、次ページの図のように、八つの勉強スタイルがあるように思います。

◎自分の「勉強スタイル」を知る

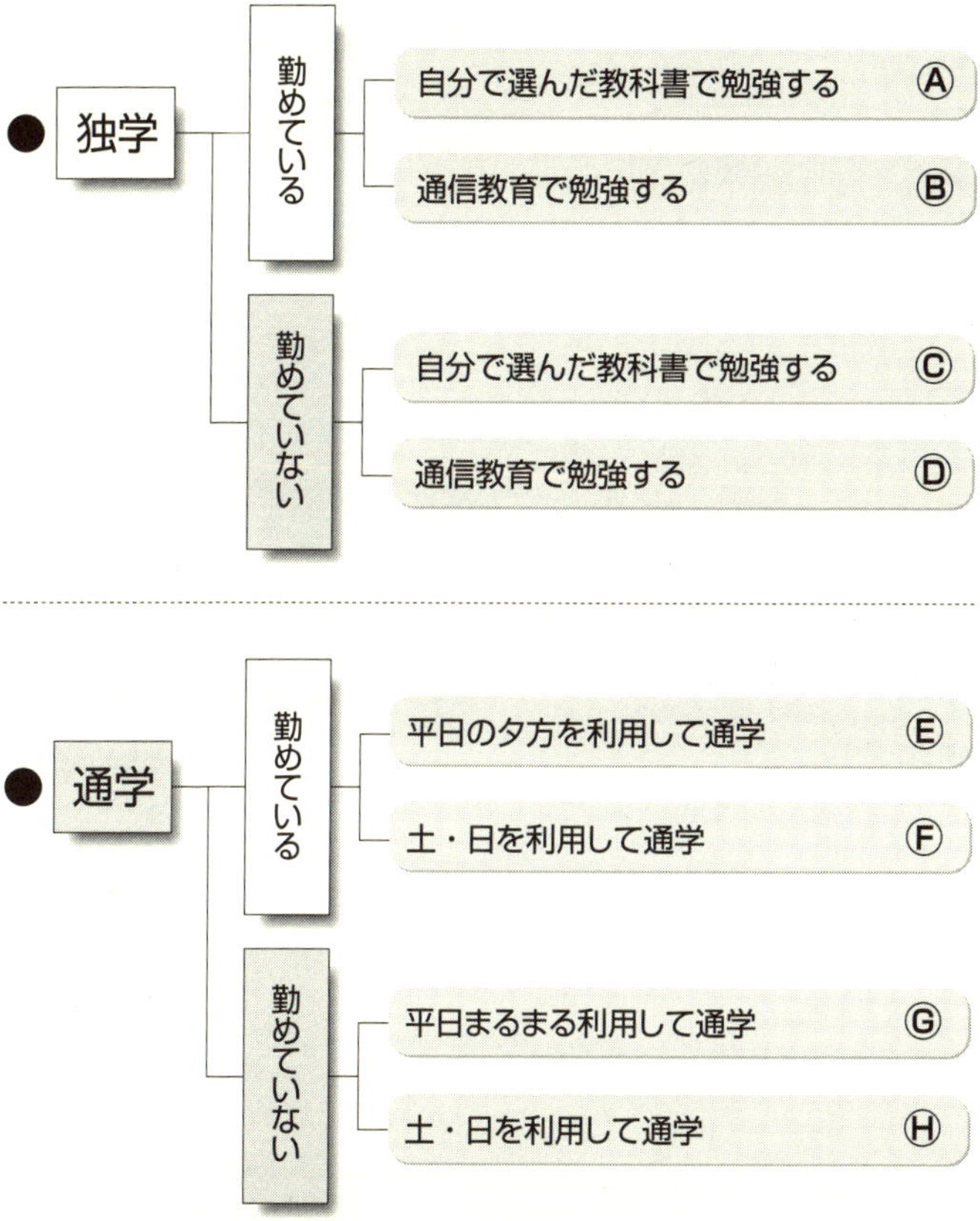

それぞれの立場によって勉強法は変わっていきます。
さらにこまかく分類すれば、資格の内容によっても、
勉強法は変わります。

A　独学─勤めている─自分で選んだ教科書で勉強する
B　独学─勤めている─通信教育で勉強する
C　独学─勤めていない─自分で選んだ教科書で勉強する
D　独学─勤めていない─通信教育で勉強する
E　通学─勤めている─平日の夕方を利用して通学
F　通学─勤めている─土・日を利用して通学
G　通学─勤めていない─平日まるまる利用して通学
H　通学─勤めていない─土・日を利用して通学

あまりこまかい分類をすれば混乱するかもしれませんので、この八つの勉強スタイルに決めて、それぞれの勉強法を一緒に考えていってみたいと思います。

「がんばり源」を深く掘る

まず、Aの「独学─勤めている─自分で選んだ教科書で勉強する」スタイルの人です。
非常に厳しい条件のもとで勉強していかなければなりません。
まず問われるのは、「覚悟はできているか」です。

私がコーチングしている人の中に、このAタイプの人がいます。

その方は、朝五時過ぎに起きて、六時には家を出ます。

そして、昼間は当然、たっぷりと仕事をします。多忙ですから定刻退社など論外。帰宅は早くて夜九時。普通で一〇時前後です。

それから食事、風呂ですから、勉強を始めるのは早くて一一時になります。それから午前一時か一時半ぐらいまで二時間前後、勉強して、就寝。

そして、また朝の五時過ぎには起きて六時には家を出ます。

睡眠時間、平均三〜四時間。

コーチングにおいては、こちらから提案や指示、指導は基本的には行ないません。しかし、この殺人的な時間配分を見ると、思わず「体を壊すから、もうやめたら？」と言いたくなります。喉まで出かかるのですが、そこはグッと抑えます。

本人のモチベーションが落ちていない限り、私は一〇〇パーセント味方になり、合格するためのサポートをしなければなりません。

なぜ、こんな状況下にあっても、この人のモチベーションは落ちないのでしょうか。

そこに、本人独自の「たら夢」があるからです。

「たら夢」とは、「合格したら、△△をしたい」という夢、あるいは願望です。

「受かったらいいなあ」という程度の生半可な思いではありません。

「受かったら、△△をする！」

「受かったら、△△ができるんだ！」

という夢を鮮烈に持っているから、どんなにきつい条件下でもがんばれるのです。

もう一度、1章の39ページにもどって、改めて「たら夢」を書いてください。机の前に貼り出してください。

そうすると、どんなに苦痛でも、がんばっていけると思います。

勉強時間より勉強空間を探せ

さて、次に具体的にどのくらいの勉強時間がとれるかです。

まずは、次ページの①のように、大ざっぱな平均的「睡眠時間」「仕事時間」「勉強時間」の確保から決めることです。

それができたら、②のように、さらにこまかく平均的な時間配分を割り出します。

そのあと、③に、自分自身の時間配分を決めて書き込んでください。

勉強時間は、②のように二一時から二四時までの三時間でいいのか。もう少し増やすの

独学 ― 勤めている人 ― 自分で選んだ教科書《テキスト》で勉強する

①例：まず、大ざっぱな時間を決める
②例：さらにこまかく平均的な時間配分をする
③　：①、②例を参考に、自分自身の時間配分を決めてください。
ポイントは、どこで勉強時間を増やすかです
②例では、朝、夕の通勤時間に勉強時間を増やすことになるでしょう。これがご存じの「すきま時間」です

なら、通勤時間の約二時間を勉強時間にあてることになるでしょう。

Aタイプの人は特に、通勤時間のような「すきま時間」が重要です。

「すきま時間」とはご存じの通り、平均的な日常生活の中のほんの限られた時間です。綿密に考えると、結構あります。

自分の朝起きてから寝るまでの一連の動きを見直してみてください。

・顔を洗う、歯を磨く（洗面所）
・トイレに行く（トイレ）
・朝食をとる（テーブル）
・着替える（自室）
・駅まで歩く（路上）
・駅まで自転車やバスで行く（自転車上やバスの中）
・駅で電車を待つ（ホーム）
・電車で移動（電車内）
・乗り換える（乗り継ぎ通路）
・駅から会社まで歩く（路上）
・自宅から会社まで自動車を使う（自動車の中）

・会社のトイレを使う（トイレ）
・昼食をとる、昼休みにお茶を飲む（テーブル）
・昼休みに休憩する（自分のデスク）
・退社後、会社から駅まで歩く（路上）
・駅で電車を待つ（ホーム）
・電車で移動（電車内）
・着替える（自室）
・風呂（風呂場）
・トイレに行く（トイレ）
・夕食をとる（テーブル）
・テレビを見る（居間）
・就寝、入眠（ベッド）

人によって違いはありますが、だいたい、すきま時間には、これらのカッコ内の「場所」（空間）で行動をとっていると思います。

さて、そこで提案です。

それぞれの「すきま時間」を見つけようとするより、むしろ「すきま空間」を見つけて、はどうかということです。「すきま空間の中で何をするか」を決めて勉強をしたほうが、効率よく、斬新な発想で勉強できるのではないかと思うのです。

大事なことは、その「空間で何をするか」を決めておく（固定する）ことです。「すきま空間」でのすきま時間は、まとまった時間ではありません。ですから、「日替わり」にしないで、固定しておくほうがサッとできて効率的なのです。

すきま時間ができてから「えーと、何をしようか」と思案するようでは、すきま時間は去ってしまいます。

たとえば、「トイレは英語のヒアリングをする空間」「路上はおぼえた英単語を復唱する空間」「風呂場は英語の発音練習の空間」というように決めます。そうすると、路上の待ち合わせに相手が遅れてきて、急にすきま時間ができた場合など、非常に効率的に勉強が進むものです。「チリつも（チリもつもれば山となる）」効果で実力をつけていくことができます。

実際、私がコーチングしている人の中には、トイレの中、お風呂の中に勉強道具を持ち込んでいる人がいます。「寸暇を惜しんで」とはこういう人のことを言うのだと思います。

参考までに、左の図のような感じです。

◎トイレの中

この人は**トイレの中は「英単語、英熟語」**を
おぼえる場所として固定している

◎風呂の中

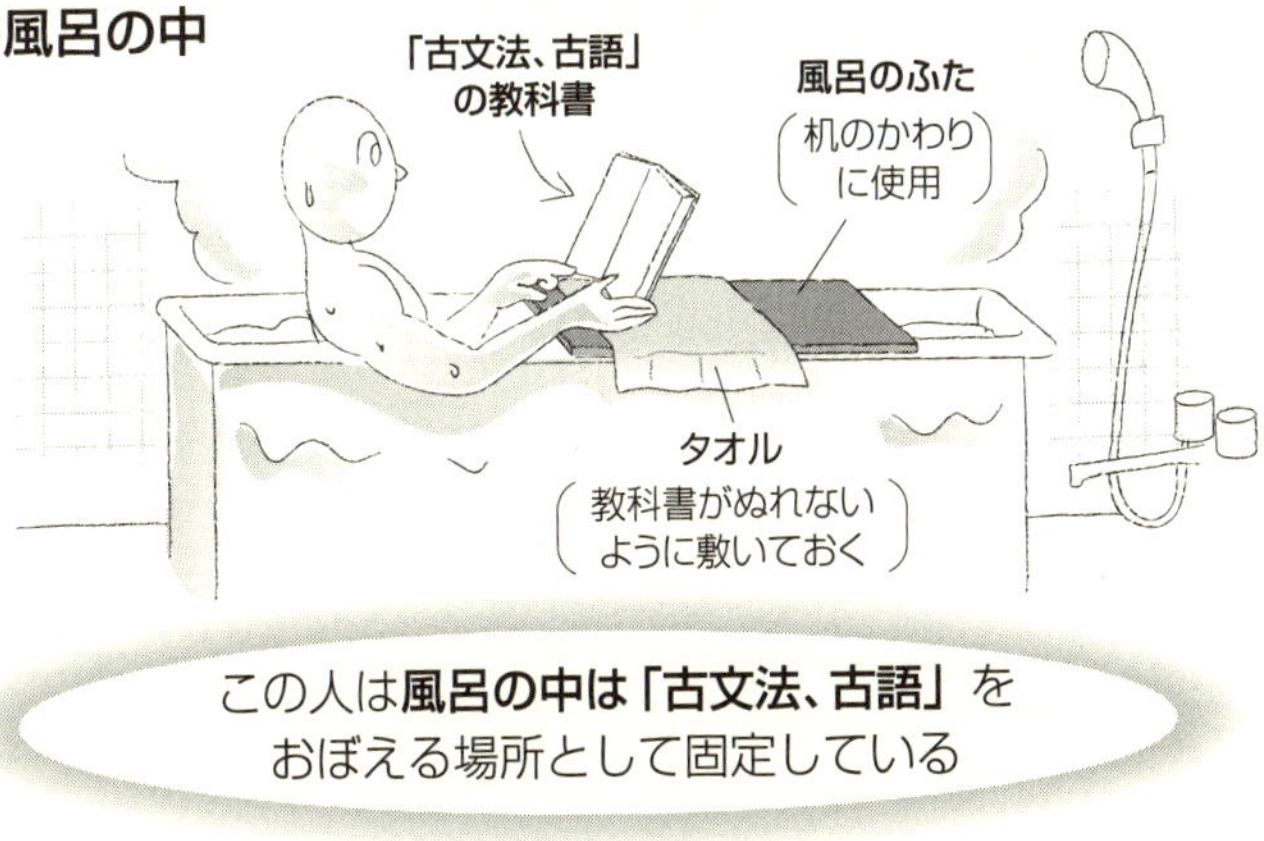

この人は**風呂の中は「古文法、古語」**を
おぼえる場所として固定している

**「すきま空間」を見つけ、
そこでは何をするのか決めておくとよい**

「核教材」が結果を大きく左右する

勉強を進めるためにも、すきま空間を活用するためにも、教材を決めておかなければなりません。

①メインでやる教材（「核《コア》」教材）

②サブでやる教材

135ページの図でいえば、二一時から二四時までの三時間は勉強時間を確保できています。この三時間は、自分の「部屋」で「核」教材を使った勉強をします。

では「サブの教材」はどこで使うのでしょうか。

すきま空間（時間）で使うのです。単語帳、各種の電子機器、自作の図表、重要部分の縮小コピー……など、サブ教材には工夫の余地がいっぱいです。

ただし、あくまで重要なのは「核教材」です。

今、私のところに来ている人は、みな自発的に、自分の「核」教材を持ってこられます。そして、一カ月後に何をどこまでやるかを決めます。

その中に、大学を受け直して青春をとりもどしたいという人がいました。

◎「核」となる教材を決める

①メイン教材（各教科に合わせて1つ以上書いてください）

例・化学 —「よくわかる化学」（○○出版）○○○○著

-
-
-
-
-
-
-
-

②サブ教材（「すきま空間」で勉強する教材です）

例・英単語 —「1週間でマスターする英単語」—（トイレの中）

-
-
-
-
-
-
-
-

※教材のタイトルは私が勝手につくったものです
　実際にある教材とは関係ありませんので、ご了承下さい

その方は、最初に「核の教材」を持ってきた一カ月後、お会いすると、「この教材はだめなので、これにしました」と別の教材を持ってきたのです。

コーチングは本人の自主性を尊重しますので、強い反論はせずに認めましたが、その方は毎月、毎月、教材を変えてしまいました。そして、試験の結果は――やはりだめでした。

受験は不安がつきものです。常に「何かいい教材がないか」と探すのはよくわかります。ですが、この方のようにコロコロ変わると、勉強の積み重ねができなくなり、実力はつきません。

この経験が私に、「核」となる教材を決めることの重要性をいっそう強く認識させました。私が言うまでもなく、すでにみなさんは「核」教材を決めていることと思いますが、もし、そうでなければ、この際、しっかりと決めてほしいと願います。

前ページの図に「核教材」と「サブ教材」を別々に分けてご記入ください。

試験までの時間で計画はガラリと違ってくる

さて、これから計画を立てましょう。

そのために、今までのことを整理してみます。

・モチベーション維持と向上の「たら夢」を書く
・一日のタイムスケジュールを確保
・メインの勉強時間とすきま空間（時間）を見つける
・核教材を決める
・核教材はメインの勉強時間に、サブ教材はすきま空間に使う

145ページの図のような年間計画を立てて、これらの要素をその中に入れます。

計画を立てるのは、「締め切り効果」を出すためです。自分で締め切りをつくると、モチベーションは上がります。同時に達成度が高くなります。

年間計画は年の初めに立てることが多いでしょう。しかし、人によっては図のように三月頃からがベストの場合もあります。要するに、本番の試験日まで、あと何カ月、何日あるかをよく認識した上でつくることが肝心です。

その意味からすると、「年間計画」というよりも、「合格計画表」と命名してつくったほうが賢明です。

次のように分類してつくるとよいです。

①試験まで八カ月以上ある人

145ページの年間計画表をほぼ模してください。じっくりと考え、月単位で計画を立てま

しょう。どの教材を何月までに何回くらいまわすか、どの問題集をいつから始めて、何回まわすかなど、しっかりと決めることです。

働きながらの勉強ですから、当然、時間の制限はありますが、まだ余裕があります。核となる教材をしっかり読み込むことです。そのあと問題集などで実力判定するとよいと思います。

②試験まで五〜七カ月ある人

非常にむずかしいところです。私でしたら、計画を月単位ではなく日割りでつくります。単純に計算すると、試験日まで、あと、一五〇〜二〇〇日間あります。

核教材の「目次」をまず見て、全部で何ページ、何章あるのかを確認します。たとえば一五章で、あと一五〇日間あるとなると、

「一章あたり一〇日間でやればいいか」

「一章あたり最低五回まわすとなると、二日間で一章か」

「ほかの教材の配分を考えると、二日間で一章でやっていかないと間に合わないなあ」

などと考えながら、計画を組み立てていくのです。

③試験日まで四カ月以内の人

日割り計算で計画を立てないといけません。

◎年間計画

教材	4月	5月	6月	7月	8月	9月	10月	11月	12月	1月	2月	3月
英語												
数学												
化学												
生物												
世界史												
現国												
古典												
漢文												
例 英文解釈	←→ よくわかる英文解釈（3回）		←→ ○○教授の英文読解法（3回）			←→ センター試験過去問（5回以上）						

※この表は大学受験を想定して大ざっぱにつくったものです。実際には、もっと綿密につくってください

※教材名は架空のタイトルです

一日単位の勉強で、試験で勝負できる状態をつくるとなると、核教材よりも、問題集を柱にやるしかないなあ……という考えになります。問題集（および解説）を中心にし、核教材は逆にサブで使うようにします。

「これを試験までに五回まわすとしたら、一日あたり△ページ単位でやっていかないと間に合わないなあ」というように考えて、勉強に取り組むべきです。とにかく試験に太刀打ちできる状態をつくっておかないといけません。

「試験まで五回まわすとなると△ページ平均でやるのは無理だなあ」

「そうすると、やはり三回まわしか」

といろいろ考えていくうちに方針が決まるわけです。

この場合、土・日の使い方が重要になります。そのために、次ページの図のように、月～金の週間計画表をつくり上げることです。図は大ざっぱな内容になっていますから、このまま真似ても意味がありませんが、これをヒントに、自分の核教材を組み込んでください。また、すきま空間で勉強するものを表に書いておくのも重要です。

私がコーチングをして、一カ月間で社会福祉関係の資格をとった人がいます。こういう人はまれですが、いないわけではありません。ましてや、あと二カ月、あと三カ月というところから計画を立ててやる人は実際、結構います。がんばってください。

◎週間計画表

	月	火	水	木	金
21:00〜21:40	~~英~~	~~社~~	~~理~~	~~国~~	~~数~~
21:50〜22:30	~~数~~	~~英~~	~~社~~	~~理~~	国
22:35〜23:15	国	~~数~~	英	~~社~~	~~理~~
23:20〜24:00	~~理~~	~~国~~	数	英	~~社~~

土	日
英	社
数	英
国	数
理	国
[国]	[英]
[英]	[国]
[数]	

補填と計画学習

※この表では、40分1単位にしています
　これは、人それぞれですから、単位は自分で決めてください
　50分1単位、30分1単位、20分1単位という方法もあります
※模式的に「英」「数」「国」「理」「社」と5教科に分けて計画表をつくりました
　実際にはもっと具体的に書いたほうがいいです
※実際に勉強したところは☒をつけておくこと
　☒のついていない□の場合は、その日はやらなかった意味です
※□の部分を土、日に振り分けて、補填しておいてください

自分を「見える化」しよう

勉強の状態をすべて記録している方が何人かいます。

・英語　九二ページまで完――進捗率一〇〇パーセント
・化学　八四ページまで完――進捗率八七パーセント

というような書き方です（「完」とは「終了」の意）。計画通りに進んでいるかどうかが一目で見えます。第三者の私からもわかるくらいですから、本人の満足感、達成感は大きいと思います。とにかく、まめに記録してください。記録する人は、何ごともしっかりしておられますので、安心して見ていられます。

自分の核教材にある設問数を各教科ごとに全部出して、それをつぶしていくというすごい人もいました。

・A教科――問題数二一四問
・B教科――問題数八二問

これを一週間ごとに「Aは二四問完」「Bは一五問完」というように記録しておくのです。より明確に達成度が見え、モチベーションはさらに上がっていきます。

◎△月のカレンダー

月	火	水	木	金	土	日	
		1	2	3	4	5	A24問　B15問 C21問
6	7	8	9	10	11	12	A50問　B23問 C30問
13	14	15	16	17	18	19	
20	21	22	23	24	25	26	
27	28	29	30	31			

※カレンダーの余白を利用して、つぶした問題数を記録しておく

◎各科目の問題数

・A —— 214問 —— ○月○日まで完了
・B —— 82問 —— ○月○日まで完了
・C —— 139問 —— ○月○日まで完了
・D —— 97問 —— ○月○日まで完了
・E —— 171問 —— ○月○日まで完了
⋮

※各科目の問題数を列記して、「それを○月○日まで完了させる」と断言する。「締め切り効果」を狙ったもの

2
「勤務・通信教育」の勉強法

意外なデメリット

次は、Ｂの「独学―勤めている―通信教育で勉強する」スタイルの人です。
通信教育のメリットは、二つあります。
①自分の都合のよいときに勉強できる
本来なら通学して勉強をしたいところなのに、それができない事情がある人には、最大のメリットといえます。
②人に知られないで勉強できる
ひっそり、こっそりと実力を高め、人をアッと言わせるのに役立ちます。
これらはすべての通信教育で共通するメリットです。
逆にデメリットもあります。

①学習中に疑問が出てきても、すぐ回答が得られない
②勉強する姿勢が受身になりやすい

この二つのデメリットも共通しています。

自分で教材を見つけて勉強する人と違って、通信教育を受ける人の多くは、送られてきた教材で勉強をすませようとします。費用を出して購入した教材ですから、中身は完全であると思います。ですから、学習中に疑問が出てきたら、回答を通信教育の担当者に求めようとします。

しかし、その回答が得られるのは早くても一～二週間がかかります。

自分で教材を見つけて勉強する人は、疑問が出てきても他に回答を求めず、自分で探します。

つまり、通信教育を受ける人は、受身になりやすい点がデメリットなのです。言ってみれば、通信教育を受けることで「安心」するところがあるのです。立派な教材を見て、もう受かった気にもなります。

だから逆に、少しでもやる気が起こらなければ、あとまわしになるというパターンになるのです。

そうして結果的に挫折するケースが多くなるのです。

「買い得」通信教育術

以上のメリット、デメリットに気づいたら、逆に通信教育の効果を最大かつ最強にすることを考えればいいのです。それは次の通りです。

①カリキュラム、プログラムを買う

中小企業診断士、社会保険労務士、司法書士などの資格試験を受けようと一大決心して、「さあ勉強しよう」と思っても、何をどこから、どう手をつけていいのかわからないのが普通です。自分で教材を見つけてやる人の最大のピンチです。

その点、通信教育は何をどう勉強をし、どういうカリキュラムで進めていくのかが、一目でわかります。

したがって、通信教育は、「カリキュラム、プログラムを買う」という意識で利用すればいいのです。

通信教育で「教えてもらおう」という意識は持たないことです。持つと失敗することが多いと思います。教材が届いた時点で受講費を払った価値がある、と割り切ることです。

通信教育は本来、自宅にいながら都合のよいときに通信を使って教育が受けられるのが最大のメリットなのですが、それは逆に「付録」と考えたほうがよいと思います。

今はインターネットでインタラクティブ（双方向）的に教育を受けられる時代です。しかし、実際はまだまだ、従来の教科書《テキスト》、CD、ビデオ、DVD、カセットテープなどがセットになった教材がほとんどだと思います。

ですから、学習中の疑問は、「ネットで即解決」ではなく、自分で解決する気概でやることです。質問は、「返事が来たらラッキー！」ぐらいの気持ちでやると、うまくいくと思います。

それよりも「カリキュラム、プログラムを買う」つもりのほうが、メリットを実感できます。教科書を選ばなくてすむし、計画も立てやすく、核教材を自分で選ばなくてすむ利点もあります。すでに核教材は、この通信教育の教材そのものなのですから。

あとはもう、計画と時間、空間をどうするかという点だけです。

その計画も、教材を自分で選ぶ人に比べれば、うんと容易です。なぜなら、すでにカリキュラムが決められています。したがって、そのカリキュラムを計画にはめ込むだけとなります。

ただ、時間および空間のとり方は人それぞれですから、「核時間《メイン》」と「サブ時間」の割り出し方から始める必要はあります。

「核時間」の長短で計画を変えよう

計画を立てるとき、核《メイン》時間はどれだけとれるのかが中心となります。二時間なのか、三時間、四時間なのか、しっかりと決めてください。この時間は基本的にくずさないことです。ここがくずれるとあとが続きません。

大切なことは、たとえ忘年会、新年会、送別会、接待、残業など何があっても、「最低△時間だけは絶対とる」という時間を決めることです。勉強にムラをつくらないためです。これは勉強全般に共通していえることです。先述のように、勉強のムラと気分のムラは比例します。気分のムラが勉強のムラをつくり、勉強のムラが気分のムラを誘発します。

したがって、通教（通信教育）でやると決めたからには、最低△時間は勉強時間にあてると決めることです。その「最低△時間」が決まってから、通教の教材を見ることです。

この逆もあります。

教材を見てから「こりゃ、一日△時間やらないとカリキュラムについていけないなあ」などと逆算して、自分の勉強時間を割り出すのです。一日二〜三時間以内の計画ですむようだったら、これが本来の姿だと思います。なぜなら、そのくらいの勉強時間は、決して楽ではないけれど、勉強のムラをつくらないですむギリギリの時間だと思うからです。

しかし、これが一日最低四～五時間は勉強をしないとカリキュラム通りに進めないということになると、話は別です。

短期決戦なら可能でしょうが、一年間となると大変だからです。勉強開始時は意気も上がり、がんばれますが、一週間目、二週間目……となるにつれて、今日は一時間、昨日は三時間、その前の日は三〇分……と波の激しい勉強状態になりがちなのです。たとえ三〇分でも「やらないよりはやったほうがまし」なのですが、できればムラは少ないにこしたことはありません。

ですから、働きながら通教をやる人は、自分のメイン時間は何時間かを決め、その時間の中に通教の教材をはめ込むほうが、堅実に勉強を進めていくことができます。

ただし、カリキュラム通りにやるという前提で考えると、「やはりあと二～三時間分は必要」ということもあると思います。

その時間はどう確保するのでしょうか。サブ時間、すきま空間で確保するのです。これで、ほぼカリキュラムに遅れずに進めていくことが可能になるはずです。

さらに土・日も活用してください。

今まで述べたことは、月～金までの話です。今まで述べてきた分でも時間が足りない、カリキュラム通りに進まない人は、土・日を「補填日《ほてんび》」にすることです。

働きながら勉強をしている人を見ていると、総じて、本当に勉強できる曜日は月～金と思います。

最初は欲張って土・日も勉強時間にあてようと意気込むのですが、やがて一週間の疲れがどっと出て、土・日は「寝だめ」「エネルギー充電」にあてる人がほとんどです。

理想をいえば、土・日も勉強時間にあてたいものです。しかし、疲労がたまると、理屈抜きで、体は休みたがります。そういうときには休ませてあげたほうがいいと思います。

だから、土・日はカリキュラムをつぶすことを考えず、「補填だけはしておこう」と割り切ったほうが、精神的負担も少なくてすみます。

心も体もできるだけ楽にしてあげた上で、余裕があれば、カリキュラムをつぶす勉強をしてください。くどいですが、受験成功の秘訣は、「細くても長く続けられる」状態にすることです。もちろん、理想は「太く長く」ですが。

「一周遅れはトップと並ぶ」を善用せよ

土・日を補填日にしても、それでも遅れは出てくるものです。

カリキュラムに遅れたとき「順序を追ってとりもどそう」と考えがちです。しかし、心ゆくまで勉強できる環境ならともかく、厳しい時間制限下では、順序を追うことは厳禁です。遅れをとりもどすコツは「カリキュラムを追わない」ことが原則になります。

そのために、「先まわり並行勉強」をおぼえてください。

先まわり並行勉強法とは、たとえば159ページの図のようなものです。

カリキュラムは、七月時点でＡＢＣ……の「Ｄ」まで進んでいます。自分はまだ勉強に乗れず、「Ａ」をやっています。毎月、学校は、こちらの状況にかかわらず教材を送ってきます。

そんな状況では、届いた教材を見ると、「わあ、やらなくちゃッ」と思う反面、「ああ、もう今年は無理かもなあ……」と諦めみたいな気分になると、ある受講生が言っていました。これが本音だと思います。

そこで私は、「カリキュラムは追いかけちゃうとだめですよ。相手は逃げ足が速いんですから」と助言しました。

スピードはあちらが速いのですから、こちらがいくら追いかけても追いつけないのです。追いつけないとモチベーションが落ちます。それだったら、ちょっと乱暴でも、できていない教材はすっぱり切り捨てましょう。まずは今の学校のカリキュラムに合わせるのです。

図の「D」に注目してください。終わっていない「B」「C」は、ゆっくり時間をかけてクリアすればいいのです。

そのとき、実際のカリキュラムと、遅れた分の補塡とを並行して進める「並行勉強」をしなければなりません。

ですが、これは、しかたありません。学校のカリキュラムに最終的に追いつくには、並行勉強は必須です。しかし、どっちにしても並行勉強をしなければならないのなら、気分が楽なほうがいいと思います。カリキュラムの順番通りに追ってやるのは結構、苦痛です。順番は無視して今現在のカリキュラムに追いつくと、気分は非常に楽になります。

楽なほうを優先したほうがいいと思いませんか。それが図の一番右側にある「先まわり並行勉強」です。

私は、遅れたものは、遅れついでに、たっぷり遅れさせて勉強していけばいいと思うのです。仕事が遅れたときなど、そういうふうにして遅れをとりもどすようにしています。

たとえば、この本にしても同じです。

章立ての順番通りに書いていてペンが進まないときは、ペンの進むところからやるようにしています。仮に一章から八章まであって、三章のところでつまずいたという場合、八章から書いていくのです。そうすると、締め切りに間に合うことになるわけです。

	学校のカリキュラム	現在の進捗状況		先まわり並行勉強	
4月	A	A		A	
5月	B	A		A	
6月	C	A		A	
7月	D	B	C	D	B
8月	E	C	D	E	B
9月	F	D	E	F	B
10月	G	E	F	G	C
11月	H	F	G	H	C
12月	I	G	H	I	C
1月	J	H	I	J	
2月	K	I	J	K	
3月	L	J	K	L	

学校のカリキュラムに合わせる

遅れた分だけ時間をかけて補填すればよい

学校のカリキュラムに乗ることができる

遅れをとりもどそうと
並行勉強しても
追いつけないこともある

理解はあとでいい

一般的には、勉強には苦痛がともないます。ですから勉強は、できるだけ気分が楽になるように工夫してやる必要があります。

「どうしたら、楽な気分で勉強できるか」

「どうしたら、楽しく感じられるか」

「どうしたら、スムーズにやれるか」

というように「どうしたら……」を考えましょう。前項の遅れをとりもどす方法も、不安やあせりをなくす工夫です。

もちろん、どんなに遅れてもいいから順番通りにやっていったほうが安心するという人は、順番通りにやったほうがよいと思います。要は自分がやりやすい方法で勉強するのが一番なのですから。いずれにしても勉強をやめないことが大事です。

韓国ドラマでNHKの人気番組でもある『チャングムの誓い』を見ていたら、面白いシーンがありました。

主人公が膨大な医学書をおぼえるように命令されました。「理解もしていないのに、それは無理だ」と反発すると、「理解はあとでいい。まずはおぼえよ」と医女が言い放ち、主人公は、その通りに実行して成功したのでした。

勉強の基本は反復と理解です。これは、記憶の基本でもあります。

成績の差は「反復の差」です。テキストがボロボロになるくらい、読み込むことが大切です。あわせて、理解しながら記憶していくことが大切なのです。

しかし、一方で、反復しても頭に入らない、理解していても記憶できないという場合があります。

さて、そこで、通信教育を受ける上で重要なことは、「反復」「理解」を中心にやるべきですが、最初テキストを手にしたときは、わからなくていいからどんどん先に進んで一回読破することです。

通信教育でつまずく多くの人は、わからないところに出会うと「そこで止まる」のです。

通教は、疑問に対して、すぐには回答がもどってきません。しかし、もどってくるまで待ってはいけません。勉強がそこで止まります。そこから勉強のムラが出てしまいます。

勉強のムラをつくるとうまくいきません。

ですから、わからないところはチェックしておいて、わからなくてもいいから前へ進むことです。二度、三度とテキストをまわすことのほうが大切です。

3 「勤務なし・教科書自前」の勉強法

「家」を軽視するな

次は、Cの「独学―勤めていない―自分で選んだ教科書で勉強する」スタイルの人です。勤めていない人は、勤めながら勉強している人に比べると、時間、空間の面で当然、相当有利です。これが最大のメリットです。

しかし、たとえば受験する主婦は、実は家の中で「仕事」をしています。パート代に換算すると、年間二〇〇万～三〇〇万円になるぐらいの仕事量をこなしています。ですから、学生や自宅浪人の人に比べると、それほど時間があるとはいえません。

外に出て、よけいな神経を使わないというメリットもあります。しかし、逆に孤独感に襲われる危険もあります。外の受験情報が入りにくい分、「どの程度の実力になっているのか」「どの位置に今、自分はいるのか」「自分のやり方でいいのか」がわからない不安もあります。行き詰まったとき相談する相手《ともだち》もいませんから、気分転換もむずかしい場合があります。

うらやましがられるほどの好条件ではないのです。

とはいえやはり、拘束されず、やりくり次第では時間が存分に使えるメリットは魅力的です。メリットの分を最大に活かすことを考えていきましょう。

ただ、そこで一つ言いたいことがあります。

どうも私たちは「勉強」という言葉に弱いように思います。

親が子どもに「手伝って」と言っても、「今、勉強しているから」と言われると「しょうがないか」と断念するものです。

私からすれば、社会生活のルールを無視した勉強なんて意味がないと思うのです（ちょっと古いですかね）。

ですから、「勉強」という理由で家事をおろそかにする主婦（主夫も含みます）ではいけないと思います。家族あっての自分ですから、家のことはちゃんとやって、なおかつ勉強もちゃんとやる生き方のほうが、家族も応援してくれると思います。

人間は、最終的には家族が自分を支えてくれるわけです。

両立のうまい人・へたな人

私のところに来ている主婦は、その点をうまく両立しながら、一日平均一〇～一五時間は勉強をしておられます。ご主人と子どもさんの食事や弁当づくり、送り迎え、そうじ、洗濯、買い物までちゃんとやっておられるようです。

この人の場合、気構えが違います。「好きなことをやらせてもらっているんだから、その分家族には迷惑はかけられないし、その分お返ししなくてはならない」――だから一日を分刻みでやっているのです。

もちろん、一日の基本的時間割がくずれる場合もあります。そのときは土・日を補填にあてているといいます。

さて、本書を読んでおられる主婦の方は、次の①～⑥の手順で勉強を組み立ててみてください。

①教材選び

何度も言うようですが、核となる教材を決めることです。参考書は何にするか、問題集はどれにするかも同様です。

②勉強時間どり

次に一日の勉強時間は何時間とれるかを考えます。まず睡眠時間、次に家事など、そして最後に最大で何時間を勉強にとれるかを見ます。目安は一〇時間前後です。

以上を表にまとめます。まとめたら、その中に科目をはめてみます。たとえば一〇科目あるとするなら、それを毎日一〇科目にするのか、二〜三日の間隔でまわすのかなどを決めます。

③計画立案

次に、年間もしくは月間計画を立てます。145ページを参照してください。

④目次読み

最後にテキストと問題集などの目次を見ます。そして、一冊あたり何日間、何週間で終わらせるかを決めます。たとえば、三〇〇ページあるなら、一〇日間で一まわりしようとするなら一日三〇ページ、一五日間なら二〇ページ、三〇日間なら一〇ページのペースということになります。

章ごとにやるなら、一章あたり一日のペースでやるのか、二日のペースでやるのか――そのあたりを決めてください。すごくやりやすくなると思います。

「情報不安」にしっかり備える

主婦の勉強の組み立て手順を続けましょう。

⑤すきま空間利用

主婦は、おもにどこで勉強するのかが大切です。なぜかというと、たとえば自分の机でやるなら、あとはすべて、すきま空間になるからです。トイレ、お風呂場ばかりではありません。台所もまた、すきま空間になります。玄関、庭、洗面所、脱衣場など、一分間以上いる「場」は、すべてが、すきま空間といえます。

たとえば台所に立てば、食器を洗いながら専門用語をおぼえる。トイレに入れば、問題を一問解く。お風呂に入れば、△△テキストを読む……というように、その場所に行けば、やることがあるという状態をつくっていくのです。「机の上だけが勉強の場所ではない」ということを、よく理解しておくとよいと思います。それが貪欲さなのです。

⑥モチベーションの維持

家の中にいると、情報が少ないために、孤独感や不安感をつのらせることがあるかもしれません。「よけいな情報が入らない分、集中してやれる」ということもありますが、孤

ABCDEFG

独感や不安感が強くなる人は、モチベーションの維持は欠かせません。

たとえば「貼り紙作戦」です。机の前、台所、洗面所、トイレ、玄関、冷蔵庫などの壁に、「自分の決意」を書いた紙をあちこちに貼りつけておくのです。

「必ず合格してみせる」

「絶対やり通していく」

これがいやでも目に入ってきますので、かなり心を刺激してくれることと思います。

「たら夢」の紙を貼るのも有効です。

「私はこの資格に合格したら、どうしたいの」

この場合、あえて、「私はこの資格に合格したら、△△をする!」と書かず、「どうしたいの」と質問で終わらせたほうがよいです。言葉が目に入るたびに自問自答することになります。家の中には人がいないので、「自答」は声を出すようにすることです。そうすると、これは自己暗示にもなります。

頭のいい人の「内」「外」併用法

近くに自習室や図書館がある人なら、勉強する環境を外に求める方法もあります。

私は横着者ですから、外に出てまで勉強しようという気にはなれません。よけいなエネルギーを使うなら、家の中で温存させたほうがいいと思うほうです。

しかし、その分、つい甘えが出てきます。

ちょっとノドが乾くと、冷蔵庫を開けてみることもあります。少し疲れたから気分転換にテレビニュースでも見るか、ということもあります。三〇分間の休憩のつもりが一時間、二時間休むということにもなりかねません。

どうも、家の中では甘えが出てくるのです。

こういう人は、あえて「勉強場所」を外に求めたほうがいいです。土・日の図書館の自習室は、人が多いので、かえって集中できないということもあります。ですが、平日だと、人も少ないものです。

「どうもだらけがちだなあ」「最近ちょっと勉強が停滞してる」などと思う人は、外の教室を利用するのも手です。

4

「勤務なし・通信教育」の勉強法

最重要なのは計画性

次は、Ｄの「独学―勤めていない―通信教育で勉強する」スタイルの人です。

このスタイルの人の勉強法は、そうむずかしいことではありません。独学だけど勤めていないので、時間的な余裕はあります。通信教育なので、核教材を選定する苦労もクリアされています。

ですから、最重要な課題は、計画の立て方になります。

基本的には154ページに述べたように、学校のスケジュールにそって進めていくことが大切です。それを前提に、まず一日何時間の勉強時間がとれるのかを割り出してください。

大ざっぱに午前中△時間、午後△時間、夜は△時間というようにします。目安は、午前は二～三時間、午後は四～五時間、夜は二～四時間です。少なくとも一日に八時間、最大で一二時間は勉強できることになります。

私がコーチングしているこのスタイルの人の勉強時間は、一日だいたい一〇～一五時間ですから、一二時間はそう驚く数字ではありません。

もちろん、この時間は試験の内容によって異なります。

そこで、「試験までに時間のある人」「試験までに時間のあまりない人」の二パターンで勉強法を考えてみましょう。

試験まで時間がある人の「近道」

試験までに約一年間ぐらい時間のある人は、腰をすえて、テキストをしっかり読み込むことです。最低でも五回はくり返し読み込みましょう。120ページで述べたようなＡＢＣのランク分けによる勉強法はせず、まんべんなく読み込むことです。

ただし、テキストの中で、あらかじめ頻度の高低の区別があるのなら、高い頻度のほうを優先することは言うまでもありません。

テキストは、最初はわからなくてもいいから、最後まで読み切ることです。二回目からは深読みを心がけますが、何がわかって何がわからないのかを明確にすることです。

ノートに整理するよりも、教科書《テキスト》に書き込んだほうが手間が省けて便利です。

中には、じっくり読み込んでも、何がどのようにテストに出るのかわからない人、全部が重要に見えて、それらを全部頭の中に入れるのは気分が重くなる人もいると思います。

そういう人は、乱暴ではありますが、何もわからないまま、「過去問」から始めるという方法があります。

ただし、私としては、「過去問→教科書《テキスト》」という手順のほうが手っ取り早く、効率がいいように思います。「何が重要か」がわかるからです。ですから、テキストを一～二回読み込んでも、何が重要かわからない、皆目見当がつかないという場合、過去問をやってみるとよいと思います。そうすると、何が重要かがサーッと見えてくるはずです。

ただし、学校の答練や模試をやっている人は、過去問を答練や模試と併用してやるとよいと思います。

モチベーションが落ちたら？

モチベーションが落ちて、「このままでは一発で受からない。さあ、どうする」というときに、コーチングを受けに来た人がいます。一年間で絶対資格をとると意気込んだのはいいのですが、そのうち迷路にはまって、気がつけば、あともう半年もないというありさまでした。

そこで、モチベーションを上げるために、「過去問」から始めました。一カ月間は順調に、モチベーションが高いまま進みました。しかし、思うように点数は上がっていかなかったのです。

でも、何も手がつかなかった頃のことを考えると、点数が悪いなりに、「あの当時に比べたら、勉強をやっているという実感があるから満足」という判断を下していました。

ところが、復活してからの答練二回目、三回目の結果を見ると、やはり、思ったほど、成績が上がっていません。

そこで、その人はハタッと気づきました。「私には基本が不足しているんだ」と。そこから、シフトを変えました。テキストの読み直しを始めたのでした。

「やはり、基本が大事なのだ」と思ったのです。

こうなると、テキストの読み方が変わってきます。何がわかっていて何がわからなかったのか、何が明確で何があいまいなのかなどがはっきりしたので、漫然とした読み方をしなくなりました。

時間を決め、目標を決め、集中し、あいまいなところは明確にし、かつ、記憶すべきところはしっかりと記憶していく。そんな読み方になったのです。もちろん、答練などは、しっかり復習し、頭の中にたたき込むのです。

こうすれば、点数は上がるはずです。

過去問や答練は、上手な使い方が大事です。

過去問は今までの傾向がわかりますから、しっかりとやったほうがいい。しかし、過去問の正解率が上がっても、過去問が試験に出るわけではありません。ですから、三～五回まわしたら、過去問から手を引いたほうがいいと思います。

そのかわり、答練やテキストにある問題あるいは模試などをやりつつ、テキストの読み込みをしたほうがよいです。

「試験までに時間があまりない人」も含めた図解を左ページに示しておきましょう。

試験まで時間がない人の「王道」

以前、社会保険労務士のテキストを見せてもらったことがあります。専門学校などが発行している問題集は、特にあまり時間のない人にとっては、非常に都合のよい教材です。

独学 ― 勤めていない ― 通信教育を受けている人

①試験まで時間のある人

① テキスト最低2回読み返す → 過去問を解く

（わからなくても読み返し、だいたいのようすをつかむ） → （この程度の知識でどのくらい過去問を解けるかを試す）

② 基本が大切だとわかりテキストを最低3回は読み返す → 答練、問題集を自力で解く

③ テキストを読み込む ←→ 答練、問題集を解く

（理解すべきところは理解し記憶すべきところは記憶する） ←→ （間違ったところを再確認する）

④ 実力を確実に上げていく

②時間があまりない人

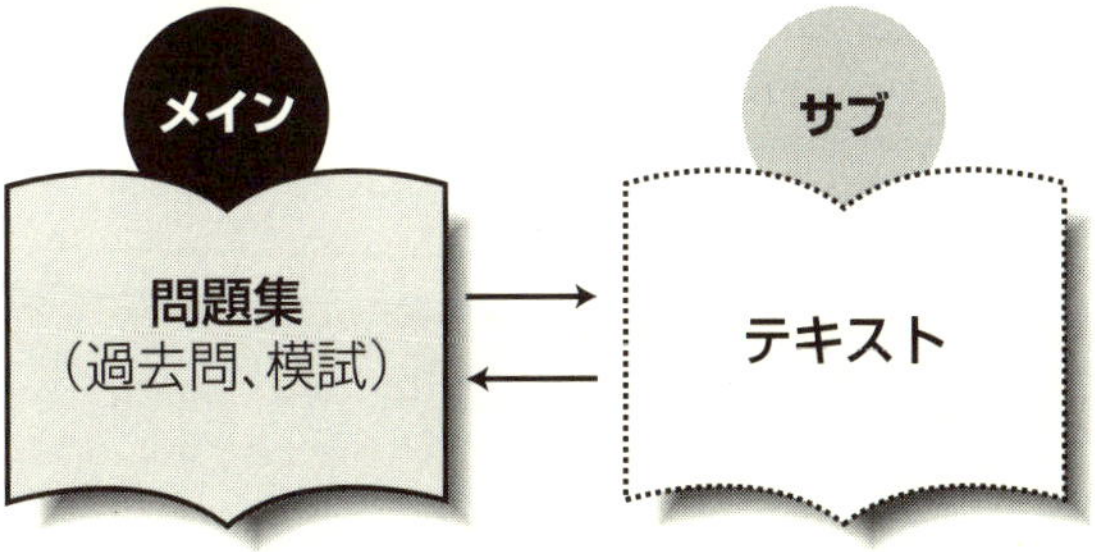

問題集等をメインにして、テキストはサブとして使う

試験までに時間がないのなら、図のように徹底的に問題集をやったほうがよいと思います。じっくりテキストを読み込む時間などないからです。

つまり、問題集を核にし、教科書をサブとして使う、ということです。短期間でテスト慣れし、重要頻度、傾向などを早くつかむことができるというメリットがあります。

では、モチベーションの維持はどうすればいいのでしょうか。

通教をやっていって、学校への出入りも自由にできる場合は、自分に刺激を与える意味でも、学校に、月にせめて一回は顔を出したほうがいいと思います。

通学コースを受けている人たちの顔や勉強する姿を見ていると、かなり刺激を受けると思います。「井の中の蛙《かわず》」にならないためによいことです。

自分では結構勉強をやっているつもりでも、上には上がいるものです。朝の七時頃から始めて、夜の九時頃までビッシリやっている人もいます。また、学校の掲示板の案内、お知らせなどを見るだけでも、心に火をつけていくことができます。

どうせ学校へ行くなら、自習室へ行くとよいと思います。一心不乱に勉強をしている人、机の上に眠りこけている人など、いろいろなタイプの人がいると思います。そうした中で勉強をすると、集中してやれると思います。

モチベーションの維持の一つとして非常に有効ですので、ぜひお試しください。

5章

「学校系」を最大活用するために

How to effectively study

1

「勤務・夜間通学」の勉強法

つきまとう疲れをどうするか

今度は、Eの「通学―勤めている―平日の夕方を利用して通学」のスタイルの人です。このスタイルの人の一番の課題は、独学であろうと通学であろうと同じで、時間とモチベーションの確保です。

昼間は働いていますから、時間の確保は大変です。大変なのは承知の上なのですが、それでもやはり、ときには「もう、いやだ！」となってしまいます。時間の確保の大変さが、モチベーション低下につながりかねない危うさがあるのです。

モチベーションを確保、維持する方法について、このスタイルで勉強して中小企業診断士になった方から、いい話を聞いたことがあります。

その人は、朝、出社するとき、玄関を一歩出たところで必ずやっていたことがあるのです。それは、こう自分に言いきかせることです。

「俺は中小企業診断士に必ずなる」

これは、自己暗示の世界です。私は「儀式」と呼んでいます。

働きながら、週に何回か通学し、かつ帰宅後も勉強するとなると、意欲はあっても体がついていかない事態になりかねません。体の疲れは意欲の減退を招きます。

ですから、疲れていても、勉強は毎日必ずやることを貫き通さなければいけません。勉強のすきまとムラをつくってはならないのです。

私個人としては、精神衛生上、「疲れたときぐらいはお休みなさい」と申し上げたいところです。しかし、そうも言っていられないのが現実なのです。

となると、「儀式」をやることでモチベーションを維持するのは、気持ちを助けるいい方法といえましょう。

そこで、玄関のドアの内側に、181ページの図のような貼り紙をするとよいです。

「俺（私）は、絶対△△に合格する」

もしあなたにお子さんがいれば幸いです。「目標に向かって勉強する親の姿」を無言で見せているようなものだからです。親として、これ以上の教育はないといえます。

ただし、場合によっては、ご家族から、「恥ずかしいからやめて」と言われるかもしれません。たしかに、来客があったりして、貼り紙を誰が見るかわかりません。そう思うのも当然の面があります。

ですが、だからこそ、意味があるのです。貼り紙は、自分の目標を公言するのと同じことになるわけです。人に見せることによって意識が高まります。

もしご家族に「やめて」と言われたら、実際に勉強する姿を見せ続ければよいのです。お子さんはその姿を見習い、ご家族もやがて応援してくれるようになるはずです。

三つのスケジュール

さて、次はスケジュール管理です。この勉強スタイルの人は、全部で三つが必要です。
①通学しない日のスケジュール
②通学する日のスケジュール
③土・日のスケジュール
これに、補足として、すきまのスケジュールがあればさらによいと思います。

通学しての資格取得を会社が応援してくれる場合もあります。そういう人は「通学のためです」と遠慮なく退社できますから、スケジュールを立てやすいと思います。

◎心に火をつけ続ける法

よし今日もやるぞ!!
私は○○に必ず合格する
●玄関の内側のドアに貼りつける

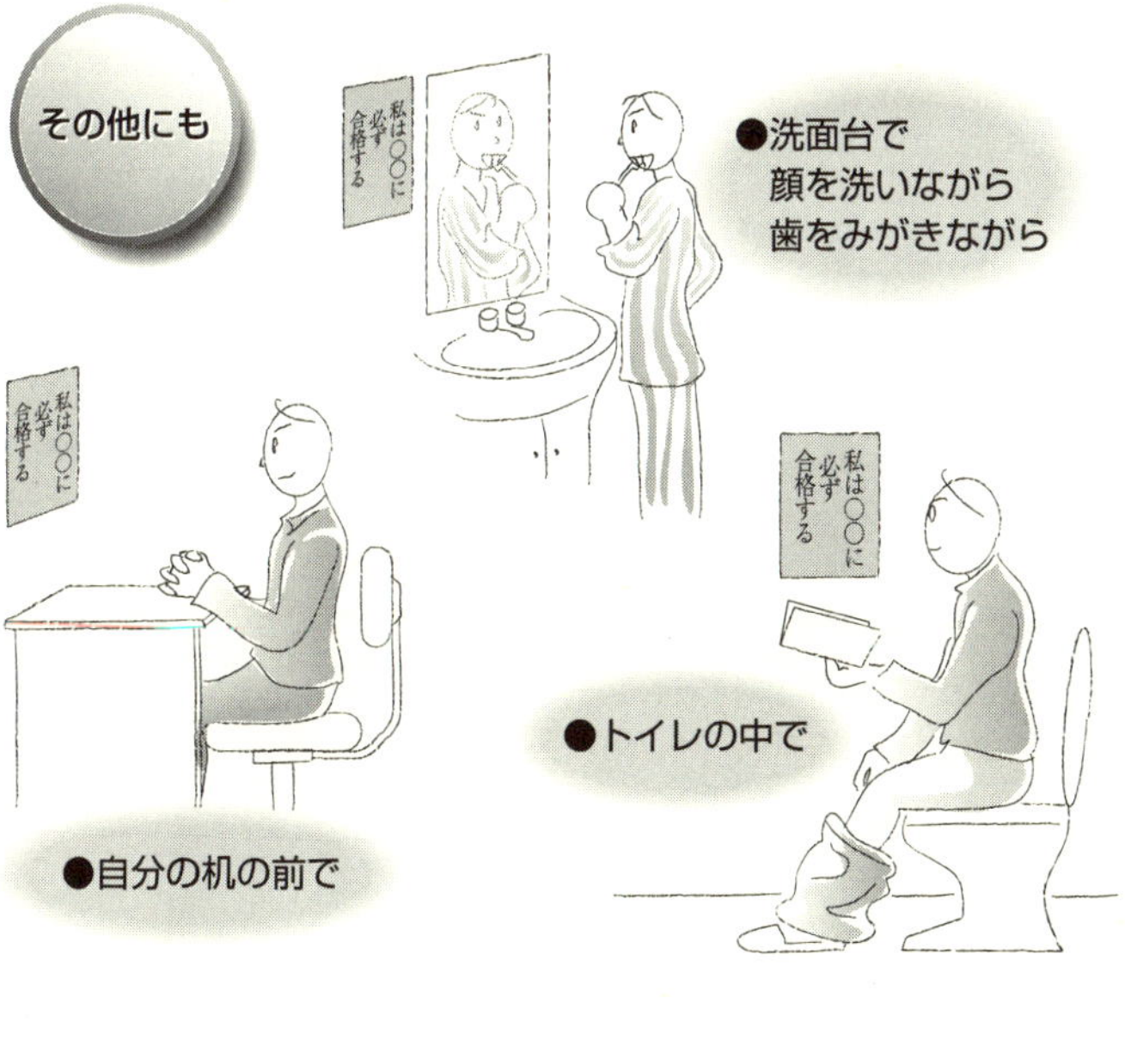
その他にも
私は○○に必ず合格する
●洗面台で顔を洗いながら歯をみがきながら
私は○○に必ず合格する
私は○○に必ず合格する
●トイレの中で
●自分の机の前で

しかし、ほとんどの人は、会社と無関係に、自主的に通学していると思います。そういう人は、会社の仕事や行事を優先せざるを得ません。スケジュール通りに進まないことがあると思います。

それでも、いや、だからこそ、基本的なスケジュールを立てておかなければなりません。

まず、勉強の単位を決めておくことです。

得意、不得意によって時間が変わるかもしれませんが、三〇分単位なのか五〇分単位なのか、六〇分単位、あるいは九〇分単位なのかを決めることです。

同時に、一日何科目勉強するのかも決めておくことです。

さらに、学校の勉強を中心《メイン》にスケジュールを立てるのか、自分の勉強を中心《メイン》に立てるのかも決めておくとよいと思います。

私個人としては、自分の勉強を中心《メイン》にしたほうがいいように思います。学校に行く姿勢が、「習いに行く」というより「確認をしに行く」となるからです。授業を「復習する」「自主的に勉強してわからなかったことを確認する」という姿勢で利用するほうが積極的であり、より勉強効果が上がると思います。

「通信教育」の人の場合は、「学校のカリキュラムにそって計画を立てるとよい」と言いましたが、「通学」の人は、「カリキュラムをもとに、それより一歩でも二歩でも先に勉強を進めていくほうがいい」と思います。

なぜなら、時間が足りないからです。だからこそ、学校のカリキュラムよりも早く進めていったほうがいいのです。言い換えれば、学校の授業を追いかけるな、ということです。追いかけると追いつけなくなります。

あせりを解消する

専門書を読むときの一般的なスピードは、一分間三〇〇字前後です。

B5判で文字がぎっしりのテキストだと、一ページの文字数は一二〇〇字前後です。

つまり、一般的にはテキスト一ページを、約三～四分で読めることになります。

理解しながら読むとなると、場合によっては五分以上かかると見てよいと思います。

そうすると、三〇分単位でテキストを約六～八ページ前後読めることになります。

働きながらの勉強だと、通学しない日の帰宅してからの勉強時間は三～四時間。通学する日の自宅勉強時間は一～二時間でしょう。

これらを総合して考えますと、試験の内容やテキストの難易度によっても違いますが、だいたい、一時間単位だと通学なしの日は三科目の、通学する日だと一～二科目の勉強が適当だと思います。

そうなると、いずれも厳しさには変わりないですね。

だから、先述の①〜③のように、三つのスケジュールを別々に考える必要があるのです。「追いかける勉強」ではなく、「(学校よ)追いついてこいよ勉強」をおすすめするのです。時間が圧倒的に少ないがゆえに、あせりと不安を解消する勉強が必要なのです。

「三〇分単位」の大効果

次ページに一例をあげましょう。実際はこうはいかないでしょうが、参考にはなると思いますので、ご自分の勉強スケジュールに役立ててください。

図は、九科目としています。試験によって、一〇科目、一一科目と増える場合があれば、八科目、七科目と少ない場合もあります。そのあたりは、土・日などを使って、うまく調整してください。

月・水・金は通学なしですから、勉強時間を三時間としました。勉強時間を三〇分単位とし、二回に分けて三科目をやるようにしました。一時間で三科目やるのと、三〇分間ずつ三科目を二回やるのと、どちらがいいかは自分でご判断ください。

◎スケジュール表

月	火	水	木	金	土	日
A	学校の授業 C、G、H	E	学校の授業 A、J、D	H		
B		F		I		
C	Cの問題集	G	Aの問題集	J		
A	Gの問題集	E	Jの問題集	H		
B		F		I		
C	Hの問題集	G	Dの問題集	J		
30分単位	40分単位	30分単位	40分単位	30分単位	1時間単位	

※(1)・通学なしの日、総勉強時間3時間、勉強する科目は3科目とする
・勉強単位を「30分単位」とし、科目A、B、Cを30分ずつ勉強する
・その流れでA、B、Cをやり終えたら、再び、30分単位でA、B、Cの同じところを勉強する（合計3時間）

※(2)・通学のある日、火曜日には学校の授業、C、G、Hを受けたとする
・帰宅したら、学校で習ったC、G、Hの問題集のみをやる（勉強単位は40分）。こうすることで、授業の復習と“自己答練”の練習、知識の定着をうながす
・木曜日も同じ、その日の授業を受けた分の問題集をやる

※(3)・土、日は、補填用に残しておき、月、水、金でできなかった科目をやる
・あわせて、月、水、金で不足している科目をやっておく

※(4)・時間は、夜の9時～12時の3時間とした（月、水、金）
・火、木は帰宅時間を10時とし、11時～1時の2時間とした

じっくりタイプの人は一時間一科目がよいと思いますが、記憶の固定化、勉強のムラの最少限化を願う人は三〇分単位がよいと思います。三〇分単位には、勉強をしない日を回避しやすいメリットもあります。「一時間じっくりやろう」と思うと苦痛に感じても、「疲れているが、三〇分だったらできる」ということがあるからです。

火・木は通学の日です。「帰宅してまたテキストを開くのか」と思うと苦痛になりますが、問題集で復習をしようとすると苦痛感が少なくてすみます。ですから、この日は問題集をやるとよいと思います。

「問題集をやるほうがもっと苦痛ではないか」と思う人がいるかもしれませんが、そうではありません。疲れているので、問題集は解答を見ながらやるようにします。だから、苦痛感は少ないのです。その上、授業の復習にもなり、一石二鳥です。

土・日は補填用の時間と、まだやっていない科目、あるいは問題集をやる日にします。

最後はすきま時間の活用です。

この時間はサブではありますが重要です。「すきま時間」とは「すきま空間」を探すことと同じです。働きながらの人は、結構「すきま空間」を見つけやすいと思います。138ページにも記したように、「このすきま空間では△△をする」と決めて、しっかり活用するようにしてください。

2　「勤務・週末通学」の勉強法

先まわりがなぜ重要なのか

次はFの「通学―勤めている―土・日を利用して通学」のスタイルの人です。

この勉強スタイルの人の条件は、前項Eの人とほぼ同じです。違うのは、Eスタイルの場合には補填にあてられていた土・日が授業になった点です。

平日の夕方はちゃんと帰宅し、一定の勉強時間がとれ、土・日に集中して勉強できます。リズムをつくりやすいという点でメリットは大きいと思います。ただ、息を抜く時間が少ないので、ボディブローのようにジワッと疲れをためやすくなる点は注意してください。

土・日通学といっても、土曜だけ通学という人もいるでしょう。その場合は日曜が補填日となるはずです。

疲れがたまっている人は、日曜は休んだほうがいいと思います。「そんなことは言ってられない」という人は、学校の自習室や図書館へ行ったほうがいいです。家にいると、甘えが出てしまうからです。

さて、平日の勉強スケジュールは、前項のスケジュールを参考に決められると思いますので、問題は、土・日をどう利用するかになります。

結論から申し上げますと、「授業は復習」を徹底することです。月〜金の勉強は、授業の予習、さらにはもっと先まわりの勉強にあてます。「自主勉強」をどんどん先に進めていくことです。

ここでも「追いかけ勉強」よりも「追いついてこいよ勉強」のほうがよいです。恋愛の世界では、追いかけられるほうが気分がいいものですが、勉強では、「追いついてこいよ勉強」のほうが安心です。

一例として、次ページの図のような勉強法を提案したいと思います。みなさんの現実とは必ず一致しないかもしれませんが、参考になればと思います。

基本的には、前項でも申し上げたように、授業は「習いに行く」気持ちを捨て、「自分で勉強したところを確認するために行く」という気持ちになることです。

実際には「習いに行く」ことになっても、姿勢は自主勉強を「確認に行く」に保ってください。

◎（土曜コース）スケジュール表

月	火	水	木	金	土	日
A	D	G	A	D	授業 D、G、H	
B	E	H	B	E		
C	F	I	C	F		
(復)A	(復)D	(復)G	(復)A	(復)D	Dの問題集	
(復)B	(復)E	(復)H	(復)B	(復)E	Gの問題集	
(復)C	(復)F	(復)I	(復)C	(復)F	Hの問題集	

※(復)は復習のこと

補填

※実際はこんなに単純に時間割はつくれないと思います
　ご自分の科目に準じておつくりください
※勉強単位は30分としていますが、その時間枠も自分の得手、不得手によって決めてください
※あえて、こういう枠組みで、科目を機械的に分けてあるのは、「勉強ムラ」をつくらないためです
※やり終えたら□に×印をしてください
　逆に□に×印がついていないのは、やっていない科目です。それを日曜日に補填します
※ABC、ABCという2回するようにしています。その日に同じところを2回勉強をすることになりますが、前半のA、B、Cは理解を中心に勉強し、後半のA、B、Cは、前半の確認をするという手もありです

「わかる」サイクルを回す

そもそも「理解する」の語源は、「分《わ》ける」だと聞いたことがあります。

つまり、「解《わか》る」→「分《わ》かる」→「分《わ》ける」です。

逆に、「分ける」→「分かる」→「解る」ともいえるわけです。

では、「分ける」とはどういうことなのでしょうか。それは、「整理する」ということです。「理《ことわり》を整える」ということです。

「理を整える」とは、「解る」（理解できる）ところと「解らない」ところを「分ける」ということです。

すなわち、「解る」ためには、「理解できていること」と「理解できていないこと」を分けて整理することです。

こんな話をするのは、自主的、自発的に勉強をするということは、テキストを読んで、「解る」ところと「解らない」ところを整理するということだからです。

それがわかれば、私の言う「授業とは習いに行くものではなく、確認しに行くものだ」という意味がおわかりいただけるのではないでしょうか。

◎理想的な「授業」への臨み方

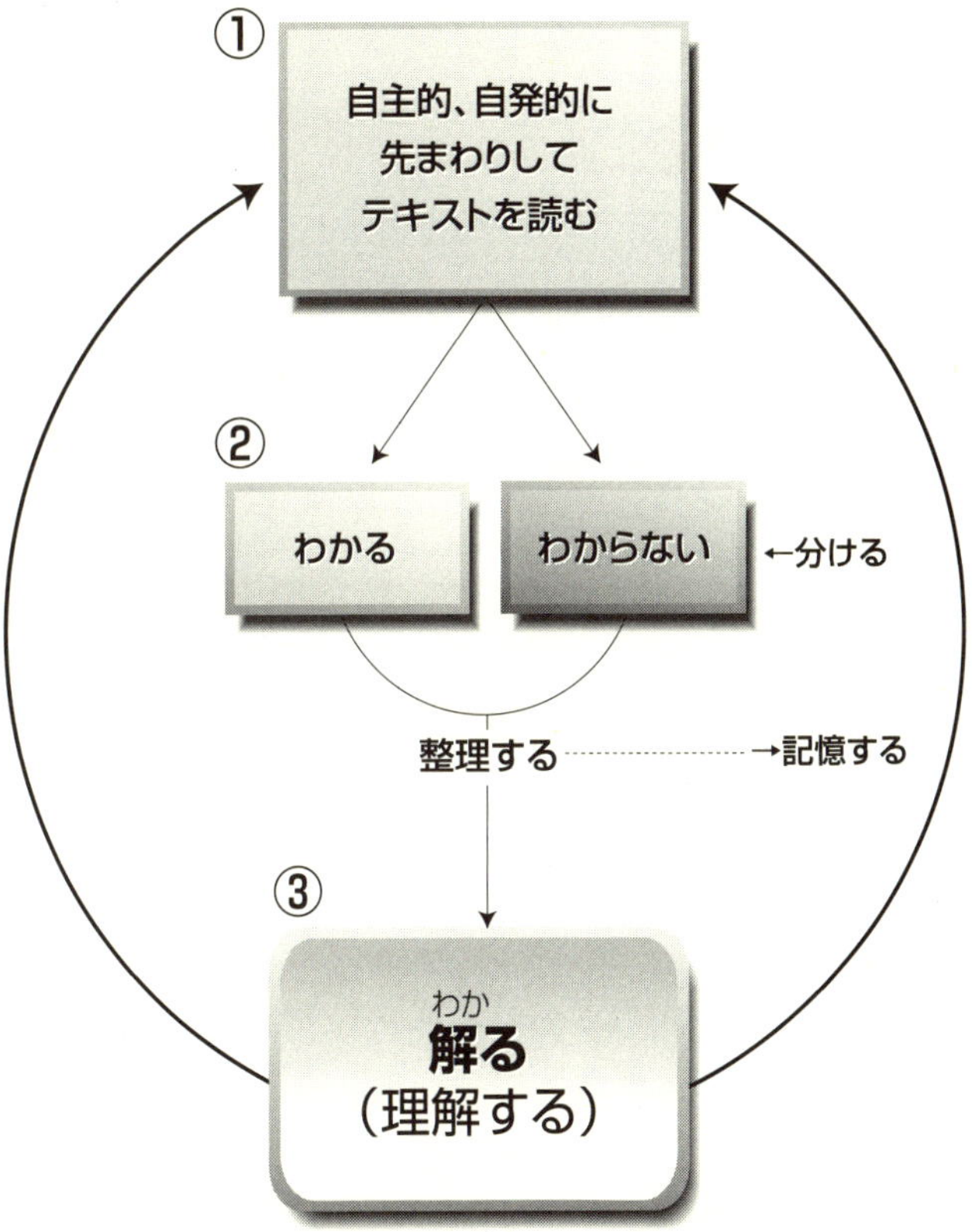

※①→②→③の順序で勉強をし、
そしてまた再び①→②→③の順番をくり返す
※このサイクルをグルグルまわすと理解も記憶もグッと高まる

ただでさえ時間が足りないのですから、勉強に追いかけられるようでは、ストレスは倍以上になると私は思うのです。

それを少しでも軽くするには、テキストはどんどん先まわりすることです。自主的、自発的に「先まわり勉強」を進め、「ここはわかった」「ここはわからない」と少なくとも二つぐらいには分けて、授業に臨むべきです。

そうすると、わからなかったところは集中的に理解することができます。また、わかったところもいっそう理解が深まります。ストレスも軽く、楽しく勉強できると思います。

中には「分ける」つもりでも、最初からテキストの内容がさっぱりわからないという人もいると思います。しかし、ご安心あれ。前ページの図のようなサイクルをくり返していくと、時間とともに「わかる」部分が増えていきます。

テキストに問題文を書き込む

テキストと問題集は、別々になっているものです。

ですから、手順としては、テキストを読んでよく理解する、そのあと問題集をやるというのが一般的だと思います。

しかし、「テキストを読んでよく理解する」と言っても、どこをどの程度理解していればいいのかは判然としません。そのために「隅から隅までまんべんなく理解し、記憶しなくちゃ」という気になるものです。

勉強でつらいのはここです。

余談になりますが、「戦争中に敵の捕虜を洗脳する方法」を聞いたことがあります（どこまで本当かは知りませんが）。

捕虜に、「ここに大きな穴を掘れ」と命じます。捕虜が、汗水たらし、やっと掘り上げたら、今度は「全部埋めろ」と命令するのです。

理不尽な命令でも、人間は目標を持つと、結構動けるものですし、「やったーッ」と達成感を持つものです。その達成感を味わったのもつかの間、今度は「もとにもどせ」と命令されるのです。捕虜は、激しく落胆します。しかし、それでも「もとにもどしたら、この苦役から解放される」と勝手に目標を設定し、せっせと穴を埋めます。

ところが、埋め終わって「やった」と喜んだら、また「穴を掘れ」と命じられるのです。

そこで捕虜は悟るのです。この作業は際限のない拷問《ごうもん》だということを……。実際その通り、掘っては埋め、埋めては掘るを何度もくり返させられます。こうして精神的にも肉体的にもボロボロになったときに、その捕虜にやさしい言葉をかけます。捕虜はあっさりと、こちらの言う通りに操作《コントロール》されるようになっていくというわけです。

つまり、際限のない、先の見えない作業は強い苦痛感をともなうのです。

テキストの理解も同様です。テキストのどこが、どういう形でテストの問題となって出てくるのか見当がつかなければ、勉強は苦痛でいっぱいになりかねません。

そこで、それを解消する方法として、問題文をテキストに直接書き込んでみたらどうかと提案したいのです。

次ページの図のように、問題文をテキストの空白部分《ブランク》に書き込むと、「ここは重要だ」ということが一目でわかります。それが力を入れる目安になるはずです。「なるほど、ここが、こういう形で出るんだ」と納得できれば、力の入れどころと力の抜きどころが明確になります。格段に勉強効率がよくなります。

市販教材はどう併用するか

私のところに来る人で、通信教育の教材に三〇万円払ったにもかかわらず、それをまったく使用しない人がいました。

定年退職前の方でした。年金で悠々自適な生活とはいかないから、資格をとって第二の

◎「問題文」を直接テキストに書きこむ

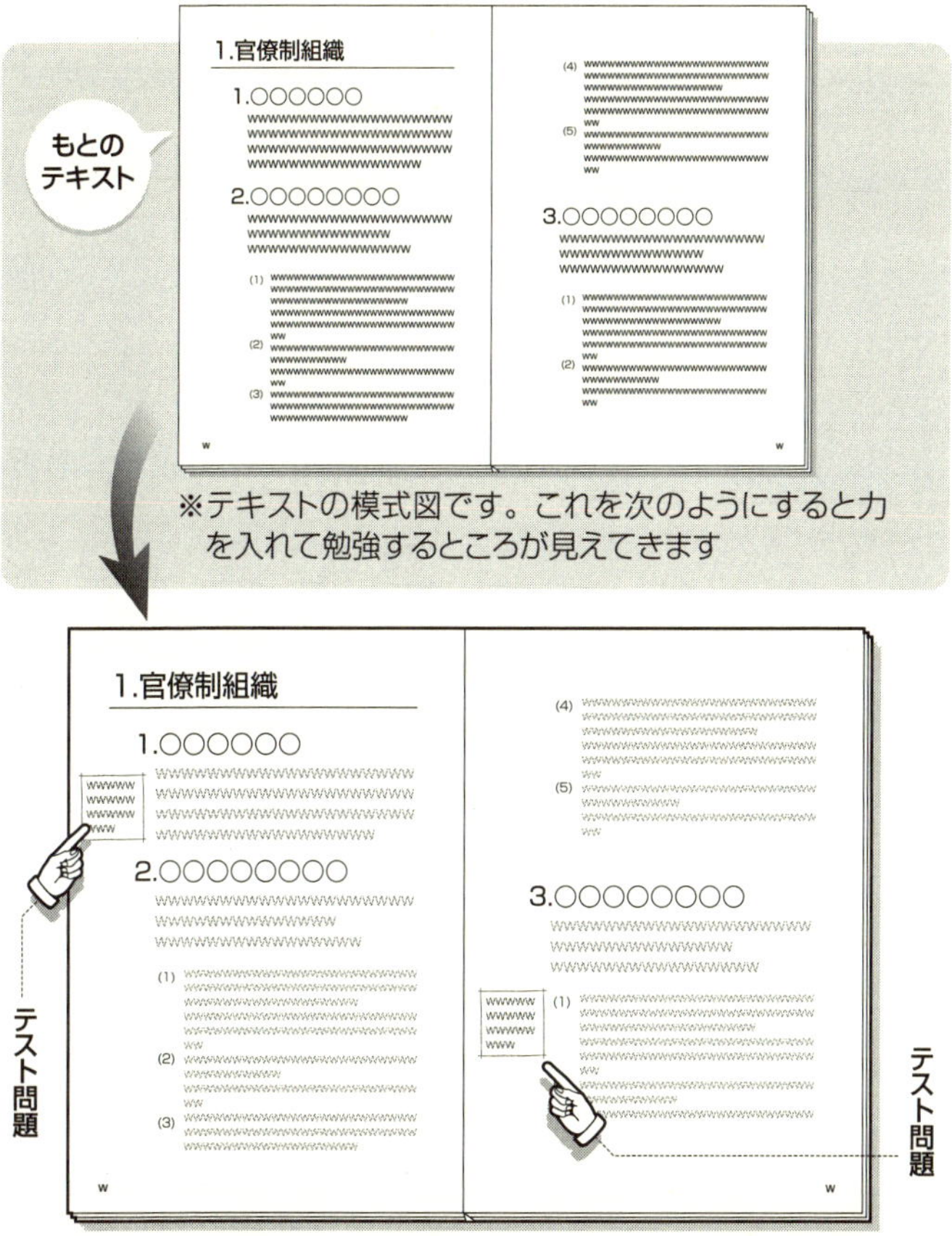

※テキストの模式図です。これを次のようにすると力
を入れて勉強するところが見えてきます

※テキストの空欄の部分に、実際にテストで出ていた問題文を書き込んでおく

※「○○について説明せよ」という問題が実際に出ていたとしたら、その○○について書かれてある部分を空欄に書き込んでおくとよい（コピーでもよい）。そうすると、熱の入り方が違ってくるはず

仕事につきたい、そういう目標が明確でした。だから三〇万円を惜しげもなく投資したわけです。

ところがその通信教材を見て唖然としたというのです。まったく理解できない、見るのも聞くのもはじめてのものばかりで、手の打ちようがないというのです。

結局、市販の参考書と問題集を買い、それから始めました。なぜその参考書と問題集を選んだかというと、問題集の解答の解説の中に、「参考書の△△ページ参照」と記してあったからです。

通教の教材では、どの部分がどんなふうな問題として出るか見当もつきません。だから、どう勉強すればいいかもわからないわけです。用語の意味もわからなかったのですから、これはつらかったでしょう。

ところが、この市販の問題集は参考書とリンクしているために、「わからないなりに、どこが大事かの見当はつく」と言うのです。

私はいつも、通教あるいは通学の人に、「核教材は学校の教材」と申し上げてきました。しかし、中にはこういう人もいるのだなあ、と改めて感じました。

ただし、それでもやはり「核教材は学校の教材」と申し上げたいと思います。なぜなら、学校の教材でも、問題文を書き込むか、もしくはコピーして貼ればいいのですから。たったこれだけで、大事なところがよくわかるようになります。

目標は、学校のテキストをボロボロになるくらい何回も読み込むことです。最低でも三～五回は読むべきです。そうでないと勝負はできません。

その上で、どうしても「やっぱりわからない」という場合に、市販の参考書および問題集で勉強するとよいと思います。「わからない、わからない」という思いが逆に一気に爆発して、市販の参考書および問題集が本当によく理解できるでしょう。

ここが辛抱のしどころ

記憶は印象深いと、長期に、正確におぼえることが可能になります。

その意味で、理解に苦しんだ分、学校の教材にない解説や記述があれば、「あっそうか。こういうことだったのか」とよく理解できるし、記憶に残りやすいのです。

勉強していて苦痛なのは、わからないことが多いときです。わかれば前に進めますが、わからなければ、いやになります。それが人の常です。

実はそこが大切な辛抱のしどころなのです。

わからなかったら、わからないままでいいから、とにかく前に進むことです。止まることが一番危険です。

「わからないものをわからないままにして、本当にいいのか」というご質問を受けそうです。もちろん、それはよくありません。わからない用語や問題があれば、どこがどうわからないのかを明確にしておくべきです。それが正道の勉強法です。

しかし、えてして、そういう勉強は長続きしないことがあるものです。途中で挫折してしまうのです。途中でストップするよりは、「わからないまま前へ進む」ほうが、まだましです。挫折してしまえば、「わからないものをわからないまま」に、終わってしまうことになるからです。

わからないままでも前に進んでください。やがては、わかるようになります。勉強をやめないことです。こちらのほうが、本当に重要なのです。

問題意識を明快に保つ

速読の練習をするとき、受講生にいつも申し上げているのは、「問題意識を持つこと」です。

問題意識というと抽象的ですが、次のような簡単なことです。

①「何が書いてあるのかなあ」と疑問、興味を持つ
②「たぶん、こんなことが書いてあるんじゃないかなあ」と推理、想像する
特に、②が大切です。不確実であろうが、でたらめであろうが、とにかく推理力と想像力を使います。当たることもあり、はずれることもあるでしょう。しかし、くり返しているうちに、確実性がみるみる高まるものです。いわば「わかってくる」のです。

それがやがて、こうなるのです。
③「この本にはこんなことが書いてある」と理解できる
④「重要なのは、ここだ」と断言できる
勉強全般も、この速読の極意と同じです。

むずかしい概念や専門用語に出合ったときは、「わからないっ！」と気持ちを閉ざし、頭を抱えるのではなく、「たぶん、こんな意味じゃないのかなあ」と、間違っていてもいいから想像することです。

そうすると、次に改めてその概念や用語に出合ったとき、少しでもわかるようになります。それをくり返すと、はっきり、くっきり、わかるときがくるのです。

「あ、この言葉は、こういう意味だったのか」

こう頭に強く印象づけられ、記憶に残りやすいのです。

3 「勤務なし・平日通学」の勉強法

緊張をどう保つか

次はGの「通学—勤めていない—平日まるまる利用して通学」スタイルの人です。最大に恵まれた環境です。たいていの資格は一年でとれると言っても、過言ではありません。

もう、何も考えなくていいです。どっぷりとその環境にひたりきってください。とことん、学校モードに入ることです。

通学時間が一時間以内なら、朝一番で自習室に入るぐらいの徹底した態度がほしいと思います。授業があろうとなかろうと、一二時間学校にいるようにするわけです。いわば、自分を学校に缶詰《かんづめ》状態にするわけです。

カリキュラムも学校に合わせます。それで、十分な勉強態勢をとることができます。

スピードより、理解を優先して勉強してください。あわてることはありません。わからないところがあれば、わかるまで何度もテキストを読むことです。

ただし、ほかの勉強スタイルの人と同様に、計画は立ててください。計画にそって勉強を進めていくことの重要性は変わりません。

また、「時間はたっぷりある」と油断すると、ついダラダラしがちになります。それを防ぐために、勉強に入る前に、必ず目標ページと目標時間を決めて始めることです。「△時までに△ページやる」と毎回決めることが大切です。

このスタイルの人は、「つい時間にルーズになる」「つい集中力が散漫なる」という落とし穴があります。

ですから、「時間がある分、逆に、時間に敏感になろう」と強く意識したほうがよいと思います。

だからこそ、家で勉強するより、学校へ行くべきなのです。

学校に行くのは、刺激を受けて緊張感を高めるためです。ほかの人が熱心に、集中して勉強している姿を見たら、自然に「自分も負けてはいられない」という気持ちになります。それが大切なのです。

友人一〇〇パーセント活用法

「学校へ行っても、絶対に友人をつくらない」と決めた人がいました。理由は、友人をつくると、ペースを乱されるからです。自分は勉強したいのに、「お茶でも飲みに行こう」とか「このコミックおもしろいよ」などと誘われると、集中できないので、友人はつくらないに限るというのです。

ところが、通学を始めて二～三カ月後、その人にも友人ができました。やはり、通学していて友人をつくらないというのはむずかしいことのようです。

となると、友人のつくり方が大切になってきます。

人は見ていないようで見ているものです。いつも朝早くから夜遅くまで勉強をしている仲間を見ると、誰もが気にします。「あいつ、また来てるよ」「彼、まだやってるよ」「彼女か、この成績をとったのは」などと注目されます。

成績が公表されると、上位者にも注目が集まります。「信じられないよ、このテストでこんな点数がとれるなんて」「どんな勉強をしているんだろう」とうわさになります。

そういう環境の中では、69ページにも述べたように、成績上位の人には上位の人間が、成績下位の人には下位の人間が集まるようになります。

「類友の法則」です。類は友を呼ぶのです。

ですから、友だち選びは慎重にしたほうがいいと申し上げたいのです。

よき友人は、自分を高めてくれます。決して人の勉強を邪魔しません。

よき友人は、よき情報を持っています。決して人の悪口を言ったり、欠点を強調するような言動はしません。

よき友人は、よき刺激を与えてくれます。決して蹴落すようなことはしません。

よき友人は、自分以上に勉強をしています。決して勉強に妥協はしません。

よき友人を得れば、合格にグッと近づいたと言っても過言ではありません。

逆に言えば、自分自身が、意識を高く持って勉強することです。類を呼ぶ人間になることです。意識の高い人には意識の高い人間が集まるようになっているのですから。

では、意識の高い人間とはどういう人間でしょうか。

①テストの点数が悪くても人のせいにしない

②わからないところが出ても、テキストのせいにしない

③陰で人の悪口を言わない、悪口に耳を貸さない

④勉強に対して妥協が少ない

⑤何が何でもやりとげるという強い意思を持つ
⑥努力を惜しまず、努力することは当たり前と思っている
⑦困難に果敢に挑戦する

こういったところでしょうか。

私などは困難に出会うと、「冗談じゃないよ。こんなのやってられるかよ」とすぐにふてくされてしまいます。

しかし、意識の高い人は違います。困難をも実に素直に受け止めます。苛酷な条件に、自分を素直にはめ込んでいきます。そういう恐ろしいほどの柔軟性を持っています。本当は大変なのでしょうが、おくびにも出しません。「俺（私）は努力しているんだ！」という傲慢さが微塵もないのです。

好不調の波も当然あります。けれども勉強をコンスタントにこなします。

私が見る限りでは、意識の高い人には、そういった共通点があるように思います。

どうぞ、よき友人を得るようにしてください。しかし、そのためには、自分が彼ら、彼女らにとってよき友人であるようにしなければなりません。

意識の高い人になってください。きっとよい結果をもたらしますよ。

4　「勤務なし・週末通学」の勉強法

なぜ「自宅にずっと」は望ましくないのか

最後に、Hの「通学—勤めていない—土・日を利用して通学」スタイルの人です。

私は横着者です。なるべく楽をしたいと思う人間です。前項の基準からすると、意識の低い人間の部類に入ります。したがって、Hのスタイルは、私にはピッタリの勉強法だといえます。

自宅でゆっくりとマイペースで勉強でき、土・日に学校の授業を受ければいいのです。これほどありがたいことはありません。

私がこのスタイルの人であれば、きっと「わざわざ一時間もかけて学校の自習室に行って勉強する人の神経が理解できない。そんな時間があるなら、自分の家で勉強したほうがいい」と思うでしょう。

ところが、これが意外な落とし穴なのです。

では通学スタイルの人が学校への往復に費やす二時間分の勉強を、Ｈスタイルの人は家で勉強に完全にあてているかというと、多くの場合、そうでもないのです。

自宅というのは「安息の地」でもあります。自由に時間と空間のコントロールをできる場所です。勉強したいときに勉強し、寝たいときに寝て、食べたいときに食べられるのですから、まさに極楽状態です。

しかし、それは勉強の極楽ともなる反面、怠惰の極楽ともなります。

ですから、自宅勉強といっても、主婦業とか家業の手伝いとかで家をあけられない場合を除いては、できるだけ学校へ行って勉強をしたほうがいいと思います。

つまり、あえて「不自由の空間」に身を置くのです。

よく、スポーツクラブをやっている学生は意外と学校の成績がよいといわれます。これは、時間が不足している分、逆に短時間で集中して勉強しているからです。

勉強には集中力は欠かせません。「勉強している割に成績が上がらない」理由の一つがこの集中力の問題なのです。

「けじめのある生活」を心がけてください。ダラダラした生活とでは、勉強の質が違います。本気で「一年で合格」と考えるなら、自宅から自習室にシフトして勉強してください。

計画というレールをそれるな

そうは言っても、やはり「自宅で」という人がいると思います。

そういう人は、しっかりと計画を立ててやることです。「年間計画」「月間計画」「週間計画」「日間計画」を順に立ててください。

今、私のところに来ている人で、中小企業診断士の試験の一発合格を目ざしている人がいます。その人の月間計画は、それはみごとなものです。

一日一〇時間前後の勉強をしていますが、一日一日、きっちりと勉強の科目が割り当てられているのです。そして、それを毎日こなしています。試験が楽しみです。たぶん受かると思います。

自宅には自分を縛るものがありません。ですから、何かで縛らなければなりません。それが計画表です。145ページを参考にして、しっかりと計画表をつくってください。

――以上、八つの勉強スタイルについて述べてきました。

独学か通学かによって、勉強の進め方が多少変わります。ほかの要素によっても変化します。ですが、もちろん互いに重複するところもあります。

いずれにしても、

①教科書（参考書、問題集）はどうするか
②計画はどう立てるか
③時間の使い方はどうするか
④空間のとり方はどうか
⑤モチベーションの維持のし方はどうか

などを、この章からしっかりと読みとってください。そして、参考にできるところは参考にしてほしいと思います。

「一〇〇人いたら一〇〇通りの勉強法がある」というのが私の持論です。ですから、ここで述べたことはあくまでも参考にするのがいいと思います。コピーのような真似よりも、参考にしつつ自分の勉強法を確立していく。そのほうが、主体性と知恵が加わって、よりよい勉強法になります。

もちろん、「これは、そっくりそのままいただき」という場合は、どうぞ、真似していただいて結構です。要はあなたが「一発合格！」すればいいのですから。

6章

疲れない頭に変わる「幸福勉強法」

How to effectively study

1 整理はあらゆるムダを解決する

勉強における整理とは

記憶は整理であると先述しました。

記憶できないという人のほとんどは、まだ整理されていない状態で丸暗記しようとしています。だから、骨は折れ、時間はかかり、苦痛に顔がゆがんだあげく、おぼえられないのです。

実は、勉強も整理です。

勉強が進まないという人の多くは、整理をしていません。

だから、計画は挫折し、モチベーションは維持できず、不安にさいなまれたあげく、試験で失敗してしまうのです。

勉強における整理とは、次の通りです。

・記憶の整理
・部屋の整理
・テキスト、参考書の整理
・資料などの整理

このうち「記憶の整理」については62ページで、「部屋の整理」についても、「部屋のそうじ」として101ページで、すでに述べてありますから、ここでは省略します。

ただ、「整理の基本は捨てること」だということを補足しておきたいと思います。

私はたまにマージャンをやりますが、そのたびに「これは、まさに遊びながら整理術を学ぶゲームだなあ」と思います。

最初、意味のないパイが配られます。それを、「役」になるように、「山」からパイをとりながら整理していきます。そのとき、手もとにある不要なパイを捨てなければ、「役」になるパイを山からとることはできないわけです。「役に立つ」というのはマージャンが語源になっているのではないかと思うくらいですが、とにかく、まず捨てるのが基本になっています。

記憶や部屋の整理を考えるときも、まず捨てるものを探すことから考えたほうがいいと思います。そうしないと整理がつきません。

テキストの三つの整理法

「テキスト、参考書の整理」については、三つの方法をおぼえておいてください。

①分冊にする

過日、社会保険労務士を受験したいという人が、市販の参考書と問題集をお持ちになりました。この二冊はリンクしています。問題集をやりながら参考書を勉強していくという非常に好ましい勉強ができるのです。

ところが、今一つペースが上がりません。なぜでしょうか。

その参考書が、ぶ厚いのです。ゆうに四～五センチあるでしょう。厚さを見ただけで、もうやる気が萎えてしまうのでした。

ですから私は、そのぶ厚い参考書を科目ごとにカッターナイフで切って、いわゆる分冊にすることをおすすめしました。すると、どうでしょう。見た目が変わっただけで、その人は「なーんだ、これなら簡単にできそうですね」とおっしゃるではありませんか。

それほど、見た目の圧迫感をなくすことは大切なのです。

②頻度によるランクづけ

学校のテキストの内容は、すべて重要に思えるものです。つい、「一ページ、一ページを全部頭に入れなければいけない」という強い強迫観念にとらわれてしまいます。

もちろん、それは理想です。しかし、合格するための勉強法ではありません。120ページにも記してあるように、重要度（頻度）の高い順にA、B、Cとランク分けしてから勉強を進めればよいと思います。

エネルギーの注入度は、

・A……六〇パーセント

・B……三〇パーセント

・C……一〇パーセント

ぐらいがいいと思います。

「C」の部分は、一応目を通しておくけど、もし、これが試験に出たらしかたない。「捨てる」というぐらい割り切ったほうが、逆に点数はとれます。このぐらいの割り切り方をしていかないと、気分は迷妄の世界に入ってしまいます。

③インデックスを上手に使う

ノートを整理するときにインデックスを使っている人は多いと思います。これをテキストにも使用すると便利です。

一番簡単なのが、章ごとにインデックスを貼ることです。

追い詰められていきますと、テキストのページをめくる時間さえ惜しくなるものです。私など、昔『広辞苑』にインデックスを貼ったものです。厚い辞書は、取り出してページをめくるだけでうんざりするからです。今は電子辞書がありますから手間が省けますが、テキストや参考書も同じだと思います。

微々たる手間も、心の負担を意外に重くします。とはいっても、勉強は手間がかかることばかり。ならば、同じ手間がかかるにしても、できるだけ心の負担を軽くするようにしたほうがよいと思うのです。

インデックスの使用など、勉強全体からすれば小さなことですが、こういう工夫がバカにならないのです。お試しください。

資料はこれで「すっぽり頭に入る」

「資料の整理」については、次ページの図をご覧ください。

専門学校などの担当講師が授業中に配る資料は、試験対策に重要な意味を持ちます。講師の個性や指導法が直接表われるからです。学校のテキストをまとめた資料、テキストと

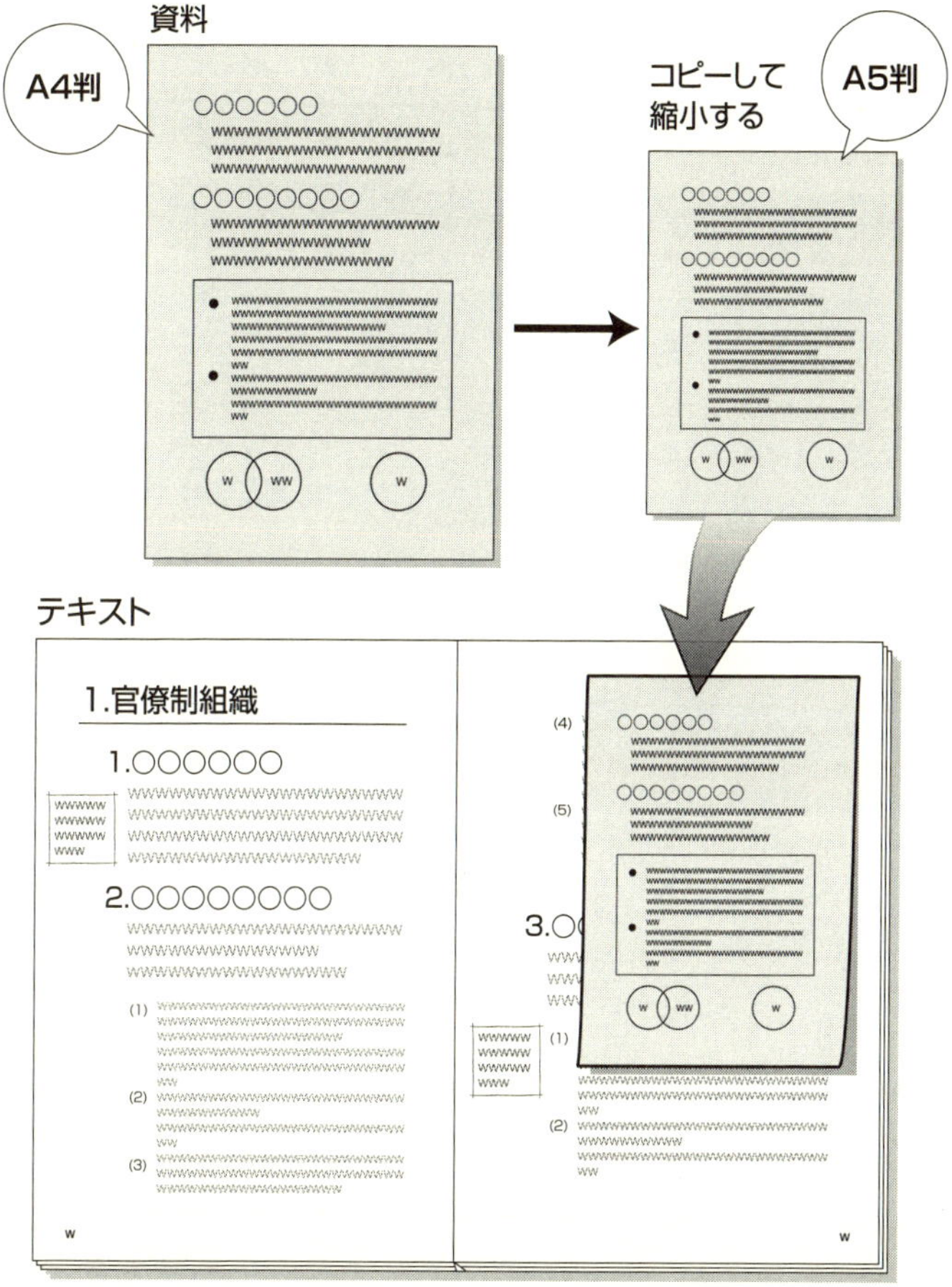

縮小した資料は、それに概当するテキストのページに貼っておくとよい。ただし糊は、印刷屋さんで使う、貼ってもはがせる糊を使うと便利です。

はまったく違う意外な資料……いずれも重要なことに違いはありません。上手に整理しておく必要があります。

一般に、テキストと資料は別々に整理すると思います。しかし、なるべくなら、資料とテキストは一緒にしたほうがいいです。分散すれば、その分、手間が増えるからです。

「一緒にする」やり方は簡単です。

①資料を縮小する

たとえばＡ４判の資料をもらったら、半分ぐらいに縮小コピーします。

②テキストに貼りつける

縮小コピーをテキストに貼りつけるのですが、普通の糊《のり》は使わないほうがいいです。その資料が不用になったとき、いつでもはがせるようにしたいからです。

文具店で探せば、貼ってもはがせる糊がありますから、それを使うのが一番便利です。わざわざそんな糊を使うのはもったいないという方は、ホッチキスで止めておくとよいです。

こうするだけで、テキストと資料を同時に活用できるようになります。貼り方などをいろいろ工夫してお試しください。

2 「楽勉」実現ちょっとした健康術

多くのムラが睡眠ムラに起因する

ある人が、ある資格試験を称して「この資格は殺人資格だ」と言いました。たしかに、きつい勉強のために体調をくずす人も多いと聞きます。

勉強のムラは気分のムラと言いましたが、もっとさかのぼると、体調のムラが気分のムラ、勉強のムラをつくっている面があります。したがって、体調管理はモチベーションを維持し、勉強のムラをなくす上で重要です。

とかく、目標設定、計画立案の段階では、体調を置き去りにして勉強にばかり目が向きがちです。しかし、体調をくずして勉強ができなくなるのでは本末転倒です。

そこで、この項では、体調管理について話をしたいと思います。

まず、体調や気分のムラの中には、睡眠のムラも入っていることに気づく必要があります。一つは睡眠不足にならない管理、もう一つは質のいい睡眠をとる工夫が必要です。

①睡眠不足にならない

睡眠時間は、どのくらいがベストなのでしょうか。個人差がありますが、生理学的にはだいたい六〜八時間といわれています。

したがって、計画を立てる際、まっ先にその時間をはめ込むことです。これを犠牲にするようでは、いい計画とはいえません。

ちなみに私は平均四〜五時間です。原稿の締め切りが近づくと平均二〜三時間になります。これが四日間ぐらい続くとかなり消耗します。そんなときは、ど〜んと一〇時間ぐらいの「寝とりもどし」をします。「寝だめ」は効きませんが、がんばったあとの「寝とりもどし」は効くようです。心理的にも、「ゆうべは久しぶりに寝たなあ。もう大丈夫だ」という充足効果がありそうです。

②質のいい睡眠をとる

勉強の最中、どうしようもない睡魔に襲われることがあります。こういうときは、無駄な抵抗はやめて、ちょっと仮眠するのが得策です。無理してがんばると、肉体疲労の上に精神疲労を上乗せすることになります。質のいい睡眠を短くとりましょう。

・コーヒーを飲んで仮眠する

カフェインが効き始めるのが、飲んで一五〜二〇分後です。ちょうどその時間に目が覚めることになります。

・暗示をかけて仮眠する

「△時△分に目を覚ます」と暗示をかけて寝ると、不思議と目が覚めるものです。成功率は九割以上だと思ってよいです。

・筋肉をゆるめる

スッと眠れないのは、筋肉が緊張しているためです。したがって筋肉をゆるめれば、すぐ睡眠に入れます。筋肉の中で一番緊張するのが顔面ですから、ここをゆるめましょう。

コツは、次の三つです。

「口をポカンと開ける」

「まぶたの力を抜く」（うす目にするつもりでやるといいです）

「眉間《みけん》の力を抜く」

意外に多い腰痛で悩む人に

自宅で毎日一〇時間ばかり勉強している人が、腰痛で苦しんでいました。このように、腰痛で悩む人は意外に多いものです。

腰痛にはいくつか種類があり、なかには簡単に対策を講じられないものもあります。しかし、一般的に勉強に起因する腰痛は、筋肉疲労によるものが多いです。それについて対策を考えてみましょう。

次ページのように、手に五kgのダンベルを持ってテーブルにひじをついて、はたして何分もつか、一度試してみるといいと思います。ひじから手首までの前腕筋群に相当の負荷がかかることがわかります。長時間その状態を維持するのはとても困難です。三分間もやれば、前腕の筋肉はパンパンに張って、固くなります。

同じようなことが腰の筋肉に起きているのです。

私たちは机に向かって勉強をしています。これは、ある意味では先のダンベルを持っている状態とまったく同じ姿勢なわけです。これで長時間勉強をしているわけです。首、肩、腰に負担がかかるのは当然です。

長時間同じ姿勢で勉強することは、必然的に筋肉疲労をもたらすのです。

では、どうすればいいのでしょうか。簡単にいえば、二つあります。

・血行をよくする
・筋肉を強くする

◎何分間持ちこたえられるか

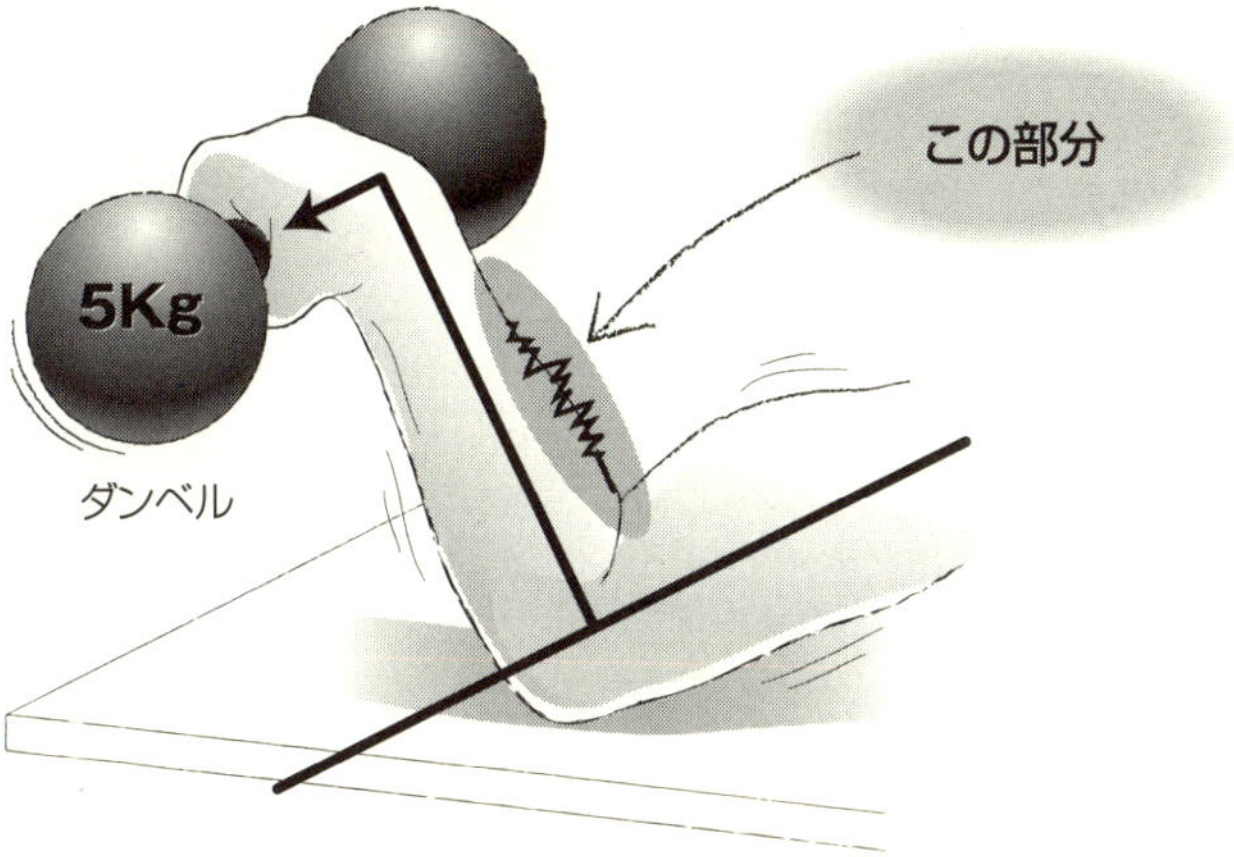

血行をよくして緊張をほぐそう

まず「血行をよくする」方法です。

たくさんある中で、とても簡単、かつ非常に効果的な体操をまとめたのが次ページの図です。いずれも、無理をしないことと、基本的にゆっくり息を吐きながら行なうことを忘れないでください。

①は、首や肩の周辺の筋肉を刺激して、血行を促進させます。直接の腰痛対策ではありませんが、最も筋肉疲労になりやすい部位をやさしくほぐす方法です。

まず、手と首で押し合うようにします。一〇数えたら、フッと力を抜きましょう。緊張から解放された筋肉が、フワッと軽くなります。

次は額に両手を当てて、同じようにします。

さらに、後頭部に両手を当てて、同じようにします。

②は、背中、腰周辺の筋肉を刺激して血行を促進させ、腰痛をやわらげるのに有効な方法です。ただし、腰の痛みが激しいときは、やらないでください。

やり方は図の通りです。

①首、肩周辺の血行促進体操

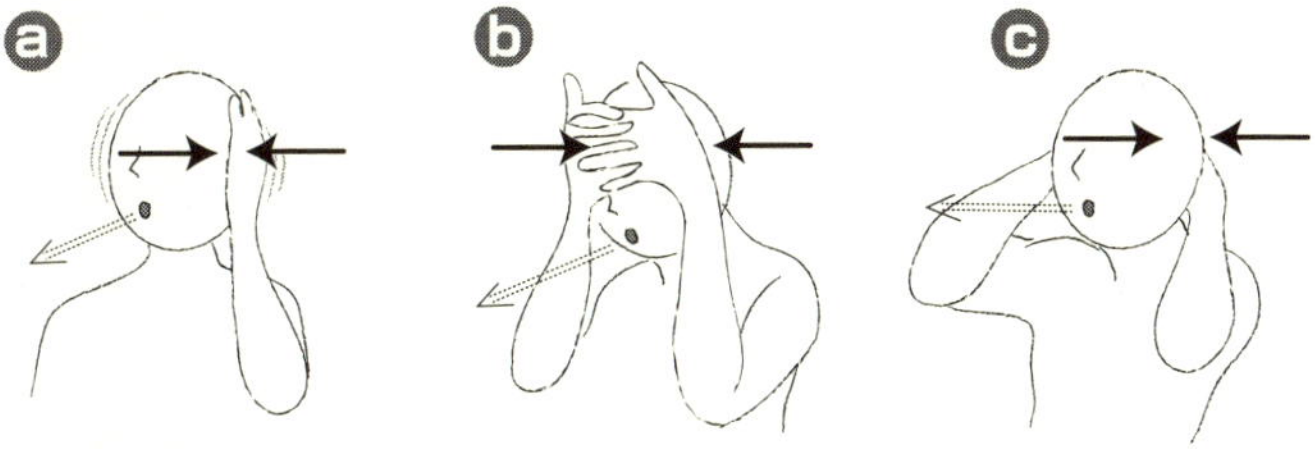

ⓐ 手で互いに押し合う
息を吐きながら
10数える
左右同じようにする

ⓑ 額に両手を当て、
押し合う
息を吐きながら
10数える

ⓒ 後頭部に両手を当て
押し合う
息を吐きながら
10数える

②腰周辺の血行促進体操

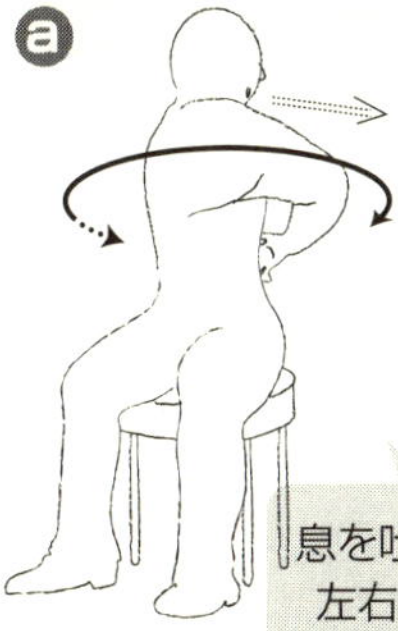

ⓐ 息を吐きながら
左右にねじる

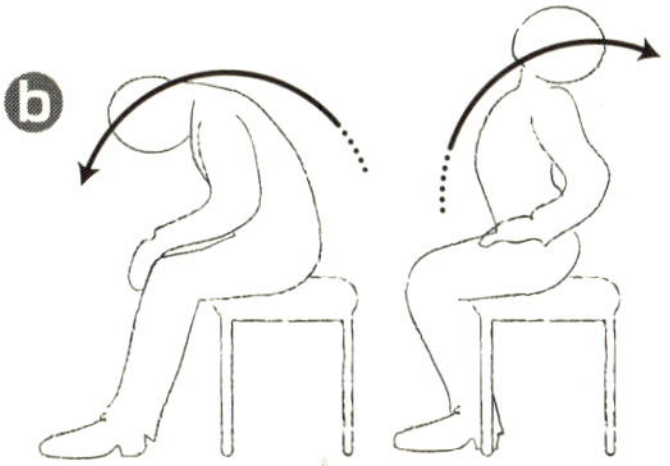

ⓑ 背中を丸めたら次は胸をそらす
これを交互にやることで、
背中全体の血行を促進させる
（10回）

ⓒ 両ひざをつけて、
左右に交互に倒す
（10回）

※いずれも無理をしないこと

筋肉を強くして忍耐強さを鍛える

次に「筋肉を強くする」方法です。

これもたくさんある中で、簡単かつ効果的な方法を次ページにまとめました。

腰痛対策の基本は、腰の筋肉を「コルセット化」することです。すなわち、腹筋と背筋を鍛えることが重要です。

まず、腹筋です。

上の図のように、立てた両ひざに手をつけるつもりでやるとよいです。腹筋というと足を伸ばしてやる方がいますが、これは逆に腰を傷めやすいものです。必ずひざを曲げるようにしましょう。腹筋は疲労回復が早いので、毎日やってもオーケーです。

次に、背筋です。

下の図のように、四つんばいの姿勢で、手や足を動かすのが基本です。簡単なようですが、意外に効きます。ただし、背筋は疲労回復が遅いので、やりすぎないようにします。

いずれにしても、無理をしないことです。健康体操で不健康になってはいけません。こうした運動を勉強の合い間に、ちょっと組み込んでみてください。効果抜群です。

〈腹筋を強くする方法〉

・右手は左ひざに、左手は右ひざにつけるように交互にくり返す
・上半身を無理に高く起こそうとしなくてもよい
（左右、交互にくり返して10回）
・勢いをつけないで、息を吐きながら行なうこと

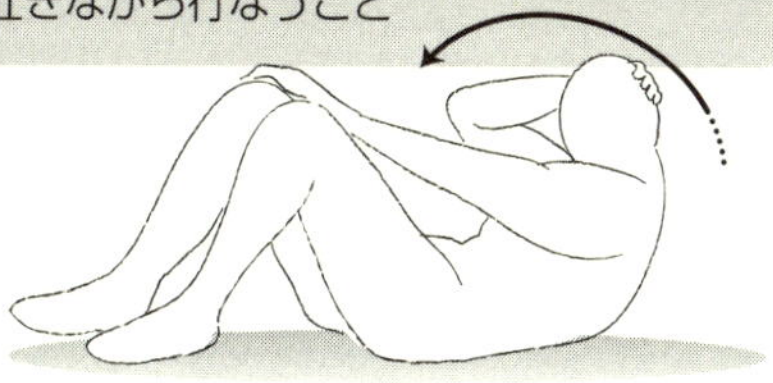

〈背筋を強くする方法〉

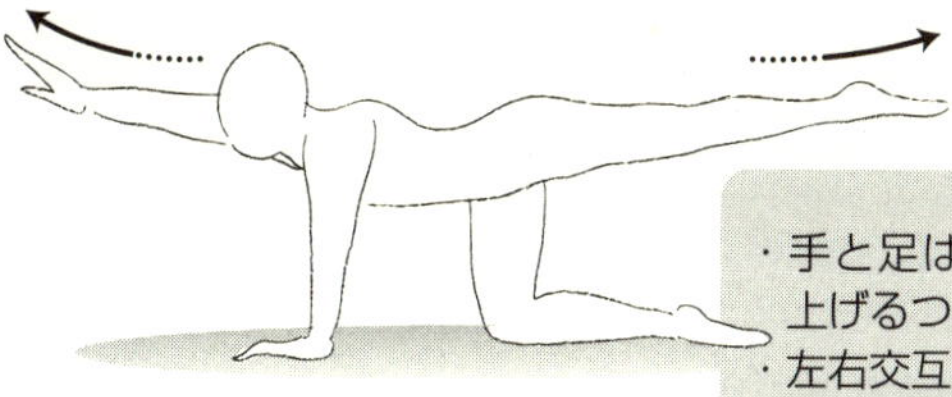

・手と足は互い違いに上に上げるつもりで伸ばす
・左右交互にくり返し10回
・無理をして上げないようにすること
これがつらいときは、最初は腕だけでもよい

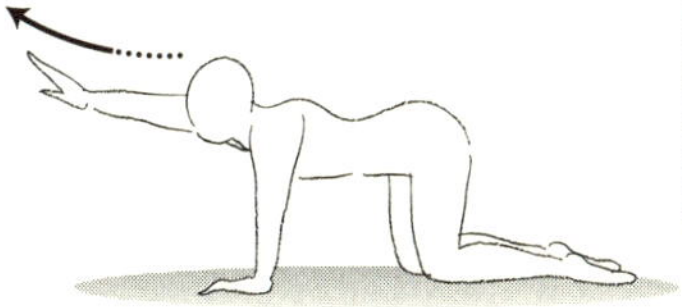

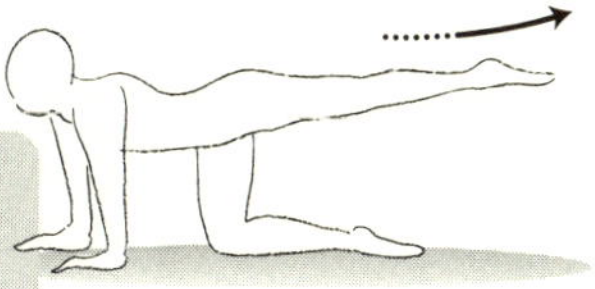

腕だけがもの足りないときは、逆に足だけ上げるという方法もあります

※いずれにしても、勢いをつけず、ゆっくりでよいですから、無理してやらないこと

「大腰筋」を短時間で強化する

最近は「大腰筋《だいようきん》」が注目されています。

背骨から大腿骨につながっている筋肉で、これを鍛えることは体力づくりになるばかりか、老化を防ぐ効果も認められています。筋肉を強化することで脳を若返らせることが可能なわけです。

大腰筋を鍛えるポイントは、太ももの筋肉です。太ももを高く上げることが大腰筋を強化します。その点に注目して、図のような運動をまとめました。

①足踏み運動

両手、両足をその場で高く上げる運動です。呼吸のリズムをくずさずリズミカルにやるのがコツです。

②屈伸運動

女優の森光子さんは、八〇歳をゆうに超えている現在も、超ロングラン演劇『放浪記』の舞台をつとめています。その秘密の一つは、屈伸運動を毎日一回することだとテレビで見た記憶があります。偉大な人は、見えないところで努力をされているのですね。

①足踏み運動

その場で、手と足を高く上げる運動。呼吸のリズムをくずさず、その場で100回足踏みしてみてください。

（かけ声をかけると楽にできます）

慣れたら回数を増やす

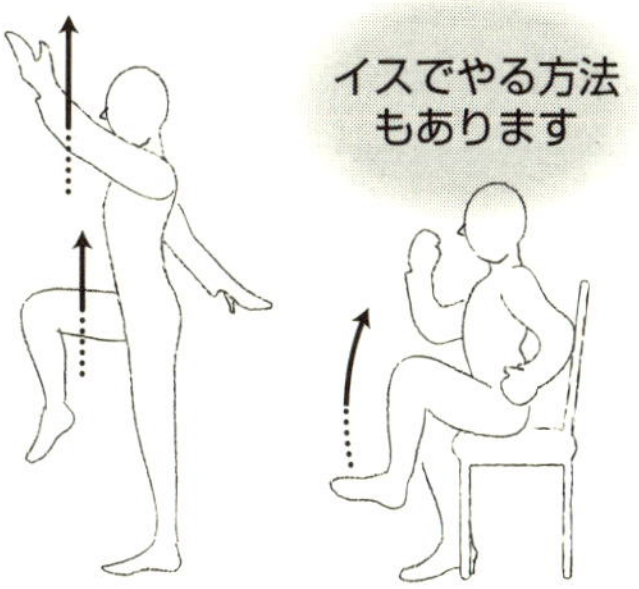

②屈伸運動

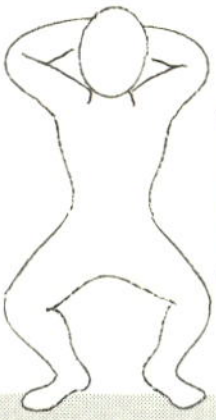

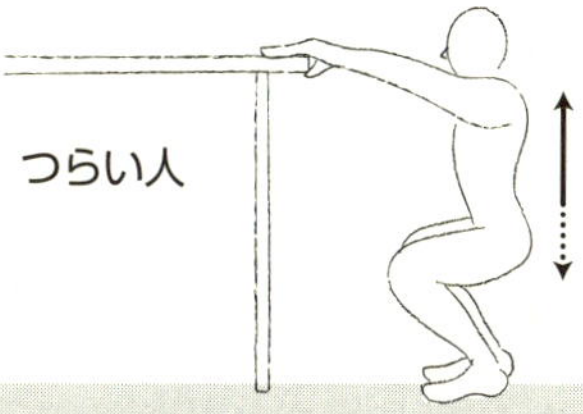

両手を頭のうしろに組み
その場でスクワット
（屈伸運動）

ちょっとつらい人は
テーブル、イスなどに手をかけて、
スクワットをやるとよい
深いスクワットをしないように

③後ろけりあげ運動

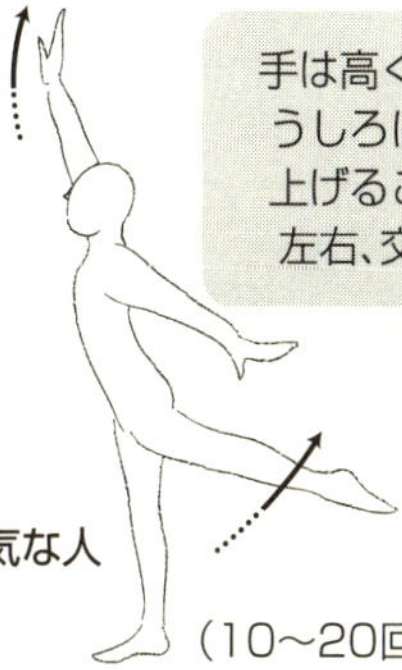

手は高く、足は
うしろにけり
上げることを
左右、交互に

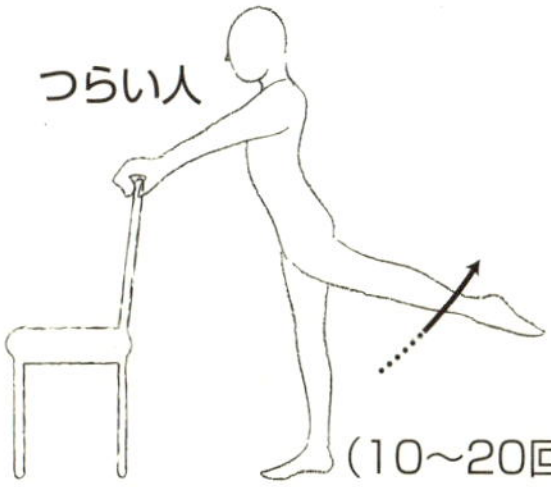

テーブルやイスに手をかけて
足だけをうしろにけり上げる
ことを左右交互に

なお、スクワットとは、上半身を垂直に伸ばしたまま、ひざの屈伸運動を行なうことです。なるべく背中を丸めないようにしてください。

③後ろけり上げ運動

足を後ろにけり上げる運動です。高く上げようとしなくて結構ですから、ゆっくりと自分のニコニコペース（話ができる程度のペース）でおやりください。

そのほか、大腰筋を鍛える日常的な運動として、自転車があります。直接、太ももの筋肉に効くよい運動です。気分転換にもなるでしょう。

また、階段を二段上がり、三段上がりするのもよい方法です。太ももを鍛えてくれます。いわば、町中をアスレチッククラブ化するのです。

指運動——体全体を動かすのがイヤな人に

足は第二の心臓と呼ばれています。だから、体全体を使うのがいやだという人は、次ページの運動をしてみてください。疲れにかなり有効です。

①足指でグー、チョキ、パー

末梢部の血行促進に非常に有効です。足の指でグー、チョキ、パーをやればいいのです。

①足指でグー、チョキ、パー

グー　チョキ　パー

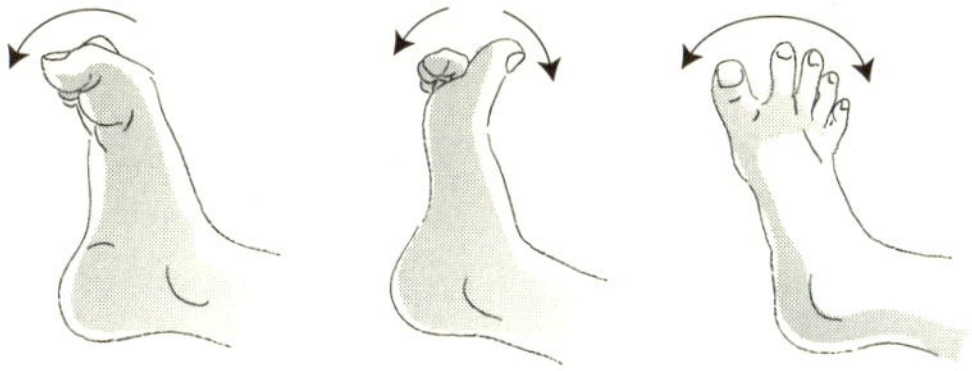

（50〜100回）

指を全部ちぢめる　第１指と他の指を交差　全部開くつもりで

これを基本にして、いろいろなパターンが考えられます

→

①「グー、パー」パターン
②「チョキ、パー」パターン
③「グー、チョキ」パターン

②手指の運動

指1本

左手　右手

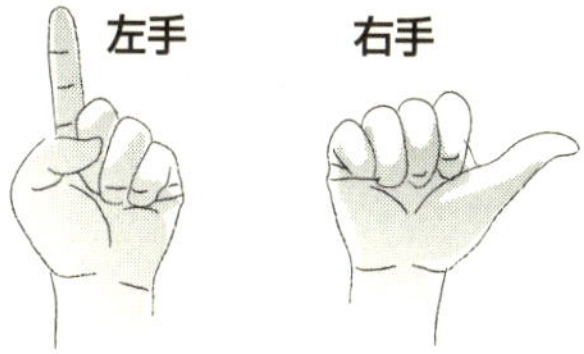

人さし指を開く　親指を開く

左右同時に違う指を開く　これもいろいろなパターンあり

指2本セット運動

左手　右手

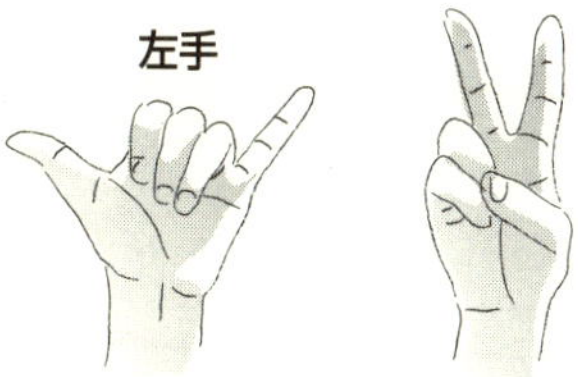

「親指＋小指」組　「人さし指＋中指」組

左右同時にセットの指を同時に開く　これもいろいろなパターンあり

バリエーションとして、グーを除いたチョキ、パーを足指でくり返す方法もあります。そのほか「グー、パー」のパターンもあります。簡易ではありますが、机について勉強している人には、疲れを早くとり除くのにとても効果的な運動です。

②手指の運動

手指の運動はたくさんあります。効果的なものを紹介しておきます。

まず、親指、人さし指の運動です。

親指を1、人さし指を2とすると、互い違いに1、2、1、2とやるとよいです。

もう一つ、二本を同時にやる方法です。

「親指、小指」のセットと「人さし指、中指」をセットにして、互い違いに同時に指を開きます。これもいろいろパターンがあります。

手指を使うことは、脳を活性化させます。人類の大脳が肥大したのは、手を使うようになったからだといいます。その意味で、指を使う運動は、脳の働きを高めていくことでしょう。

勉強の合い間に、これらのどれかを入れてみてください。疲れをとるだけでなく、集中力を高めるためにも役立ちます。なお、お風呂に入ったときにおやりになると、さらに効果的です。お試しください。

3 あなたを大成させる「小事へのこだわり」

「日付を書く」驚くほどの効果

箴言《しんげん》作家のラ・ロシュフーコーという人が、「ものごとをよく知るには、細部についてよく知ることだ」という意味のことを言っていたと思います。

勉強についても、細部をよく知り、自分なりのこだわりを持つことは有効です。こまかいこだわりの積み重ねが、大きな成功をもたらすことはあり得ると思います。

本書の最後に、小さいけれど大事なこだわりを紹介していきます。

まずは、ノート、テキストに「日付や点数、回数などを書く」ことです。

①日付を書く

私は、高校時代、生徒会長だった秀才O君が言ったことを今でもおぼえています。彼は、会議やその資料、メモなどに必ず日付を入れていました。私が「なぜ？」と聞くと、O君はこう答えたのです。

「整理できるし、あとで、そのときのようすを思い出すことができるから」

私は「ヘェーッ」と感嘆しました。社会人になった今でこそ、日付をつけるのはビジネスの常識だと知っていますが、それを彼は高校時代から実践していたのです。彼は、ノートや教科書の片すみにも、日付を入れていたことでしょう。O君がストレートで有名大学に進んだのは、言うまでもありません。

「記録」があなたを精神的にサポートする

②点数を書く

社会保険労務士を受験するNさんに、私は「点数と日付を記録してみたら?」と提案しました。

Nさんは、過去問を中心に勉強を進めています。そこで、過去問の「一回まわし」が終わったところで提案したのです。

すると、急激にスピードが増し、計画よりも早く「五回まわし」ができそうになるほどの効果がありました。

◎テキストの片すみに勉強の開始と終了を記しておくのも1つの方法

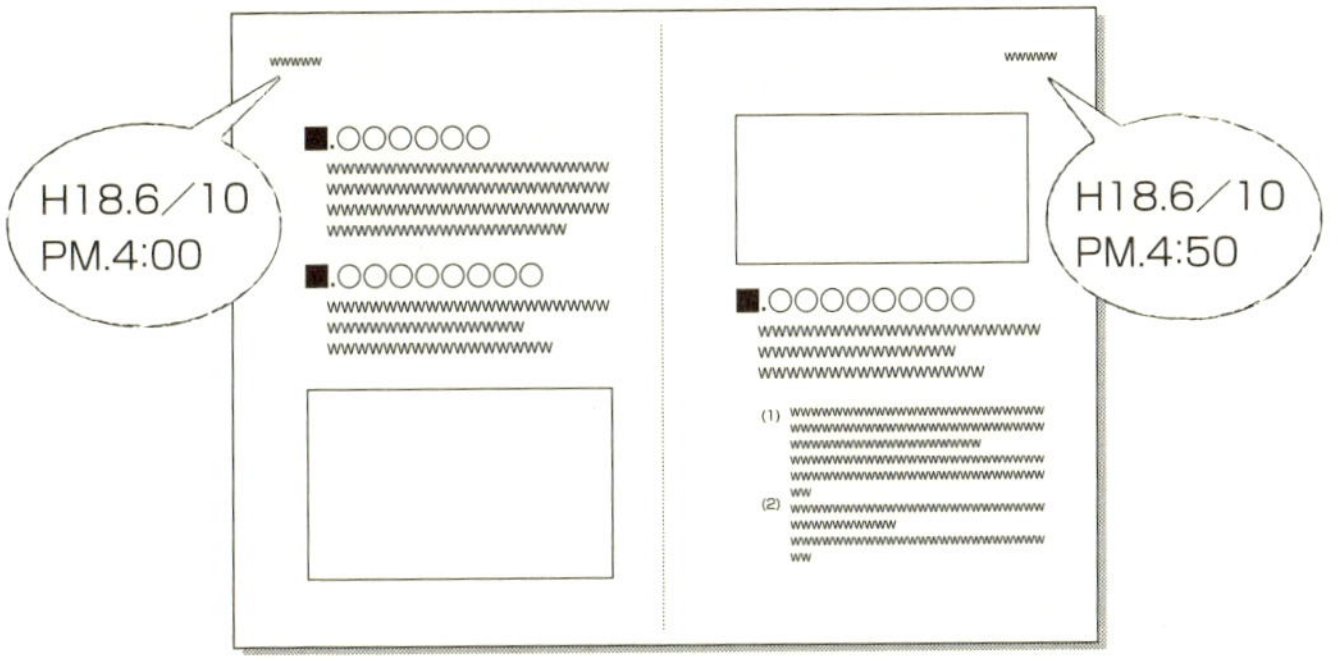

●過去問をやったあと、日付と点数を入れておく

科目	A	B	C	D	E	F
1回	H18.6/10 40点	H18.6/10 59点	H18.6/11 65点	H18.6/11 70点	H18.6/12 53点	H18.6/12 84点
2回						
3回						

●テキストの目次にも日付を入れておくとよい

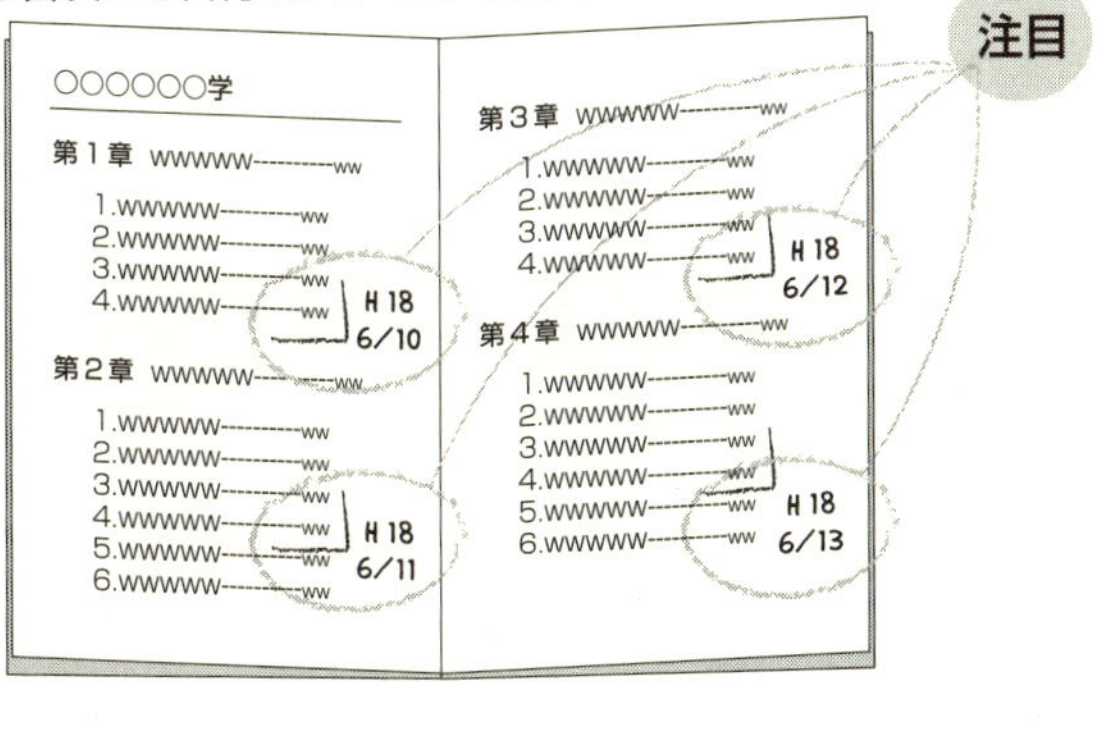

その進歩をNさんは、「点数を記録することで向上度が再認識でき、日付を入れることでスピードが再認識できたから」と言っています。

同じ問題を通しでやるのですから、点数は回を重ねるたびに向上するのが当然です。しかし、その当然のことが、具体的な数字として書き込むことで達成感になるのです。「ここまでやった。ここまでできるようになった。ここまでわかるようになった」という達成感は、自信とモチベーションを高めます。

さらに、日付を入れることで、スピードアップが同じように体感できます。「一日四題が精一杯だったのに、五～六題できるようになり、今では八～九題だ」というように、実績を目で確認できることが重要です。

③時刻を書く

勉強の開始と終了の時間を記しておくのもよいです。

仕事をきちんとやる人と、いい加減にやる人の差は、時間に対する意識の差だと思いますが、日付や時刻の記入は、時間意識を確実に高めるのです。

テキストや問題集の目次に日付を入れておくとよいです。進捗状況がつかめますし、達成感が高まります。

④回数を書く

くり返しテキストを読む場合、「正」の字で記録するとよいです。「正」の字でつけていけば、回数の間違いがなくなります。実績を再認識することもできます。

たとえば「6／12正正正下（計一八回）」などとテキストの片すみに記しておけば、次にやるとき、「これより一回でも多く読もう」という目標にもなって、意欲を刺激します。

集中力を高める「三つの儀式」

次のこだわりは「儀式を持つ」ということです。

儀式というのは、「決まった作法」という意味です。

簡単な例でいえば、会社の朝礼も、仕事に入る前の一つの儀式です。

あるいは米国メジャーリーグ、マリナーズのイチロー選手は、打席で毎回、時計まわりにバットをまわしたあと、ピッチャーに向かって腕を伸ばし、バットを垂直に立て、左手で右肩のユニホームをちょっと引っぱって構えに入ります。あれも、集中する一つの儀式と考えられます。

もし儀式がなかったらどうなのでしょうか。

儀式があろうがなかろうが、仕事には入れます。打席につくこともできます。そういう意味では、儀式はあってもなくてもよさそうなものです。しかし、儀式があったほうが、一般には、より集中し、より強い力を出すことができます。

ですから、気分のムラ、勉強のムラをなくし、効率を上げようとするなら、何か一つ持っておいたほうがよいと思います。

大げさなことを考える必要はありません。たとえば、勉強に入る前に「顔を洗う」という儀式もあると思います。

特に集中力を高める儀式を三つ紹介します。

これで気分のリセットは完了する

①黒点集中法（Ⅰ）

勝海舟が著書『氷川清話《ひかわせいわ》』の中で、一九歳の頃、寺の境内《けいだい》で、木刀の素振りと坐禅を毎夜していたというのを読んだことがあります。私は感心し、真似をしたことがあります。

坐禅は完全に目を閉じることはありません。半開きの「半眼」で、自分の位置から、約三〇センチ先の一点に視点を置きます。これが心を静めるのです。

しかし、みなさんには、もっと簡便で効果的な「黒点集中法」をおすすめします。

やり方は239ページの図のように二つあります。
・机の上の黒点を一分間見つめる
黒点を記した用紙を机の上に置き、それを一分間見つめる。ただ、それだけです。
・机の前の黒点を一分間見つめる
黒点を記した用紙を机の前の壁に貼って、それを一分間見つめる。それだけです。

両方とも、一分間では短いと感じたら、二～三分間に延ばしてもかまいません。ただし、五分間以上はやらないことです。短時間で集中力をつける儀式ですから、時間をかけては意味がありません。

呼吸は、「吐く息は長く」を意識すればよいです。これで、気分のリセットは完了します。すぐに集中して勉強を始められます。

もし「やっても変化がない」と感じても、気にせず毎日続けることです。効果はやがて必ず表われます。

②黒点集中法（Ⅱ）

やり方は、前項の黒点集中法（Ⅰ）と同じです。一つ違うのは、黒点を見つめながら、吐き出す息に注意を向けて、数を数えることです。

息を吐くとき、「いち、にー、さん、しー……」と心の中で一五まで数えます。一五を数え終わったら、一気に息を吸って、また吐き出します。吐き出しながら、また一五まで数えることを四回くり返します。

約一分間で終了です。終わったら勉強に入ります。気分だけでなく、「心身」のリセットが完了します。

禅の僧侶が坐禅を組んだときの呼吸数は、一分間に約三〜四回だと聞きます。それに近い数に呼吸を調節するわけです。それによって、坐禅をするのと同じような心身のリセットができるわけです。

余談ですが、この呼吸法を身につけると、ゴルフをやっている人は少しスコアを伸ばすことが可能になるでしょう。また、ふだん、イライラ、カリカリしやすい人も、気持ちが落ち着いていくことでしょう。

以前、ちょっと人にふれただけで、「何だ、この野郎」とケンカしたくなるという人にこの方法を教えたことがあります。すると「本当にカリカリしなくなった」と報告をいただきました。

勉強に入る前のちょっとした「儀式」ですが、意外と効果がありますので、お試しください。

◎黒点集中法

・机の上の黒点を見つめる
・1分間
・息は長めに出す
・終わったら勉強に入る

・壁に貼りつけた黒点を見つめる
・1分間
・息は長めに出す
・終わったら勉強に入る

息を長く出すコツ

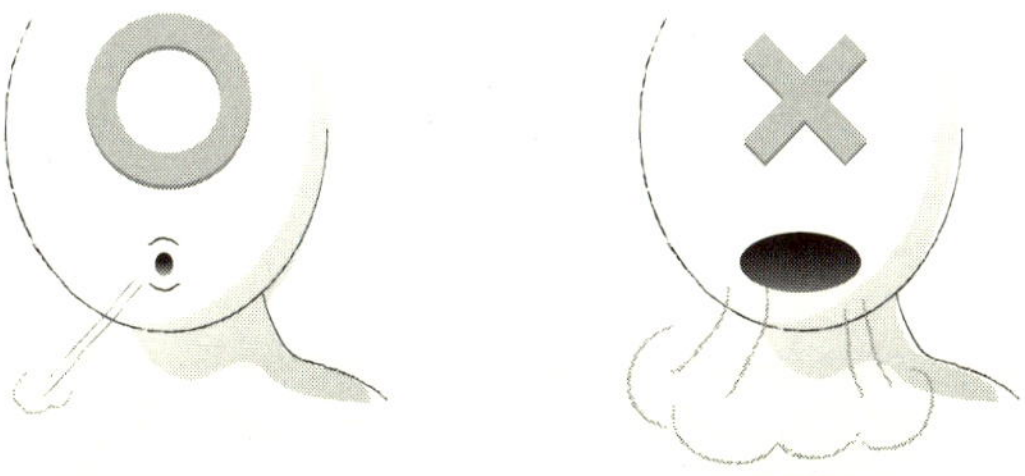

口をすぼめると、
細く長く出せます

口を大きく開けると、
一気に空気が抜けますので、
意味がありません

視読法で思考まで速くなる

③視読法

勉強に入る前の儀式の三つ目が、「視読法」です。

視読というのは、書店で本を立ち読みする要領と同じです。本をパラパラとめくって、「この本おもしろそう」とか「むずかしそうだな」とか判断していると思います。このパラパラ読みが視読です。完全に内容を読みとっているわけではないのに、わかった気になる不思議な読み方です。

ただ、これでは勉強に通用しません。勉強に活かせる視読法を紹介します。

・一ページ一点型

視読の代表的な方法が「一ページ一点型」です。

ページの中心に視点を置くつもりで、パッパッと、一ページ、一ページを見ていきます。一ページ一秒ぐらいでやるのがコツです。

「置くつもり」としたのは、実際は、視点は動きますし、またページの見出しなどに目が奪われることもあるからです。そうなったらそうなったでかまいません。気持ちとして、

1ページ1点型

たて書きの本

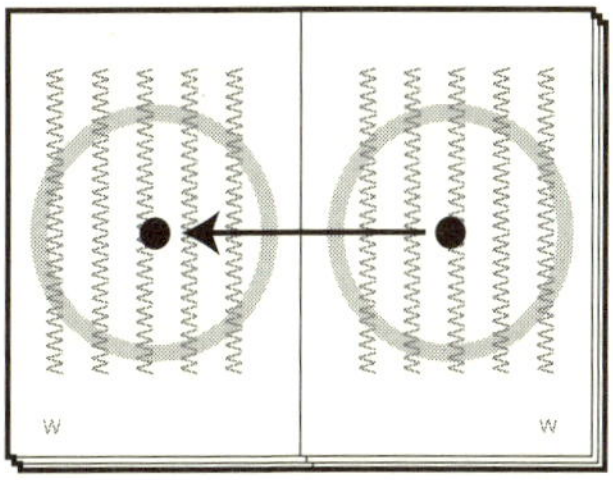

横書きの本

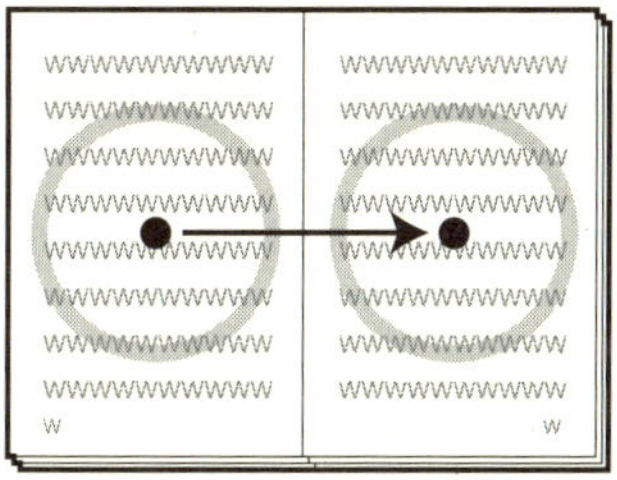

・ページの「中心」あたりに視点を置いて
全体を読み取る

視点をW字に動かして読む読み方

たて書きの本

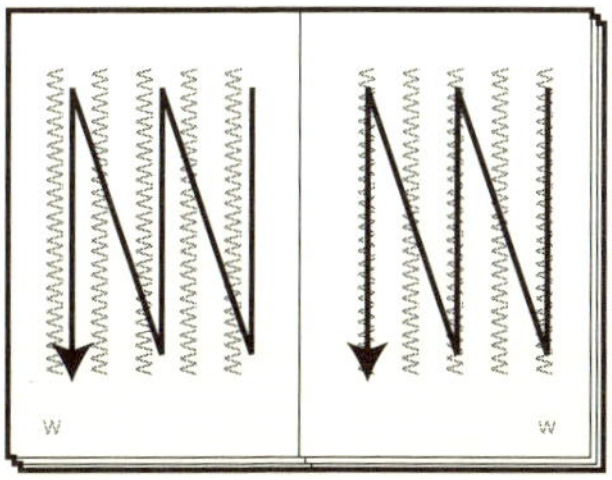

横書きの本

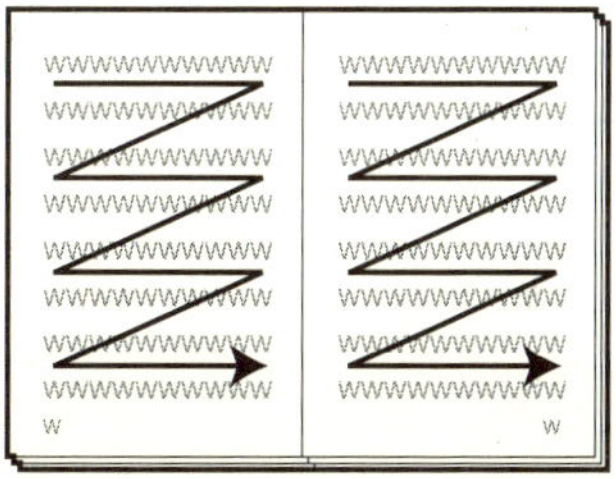

・「1ページ1点型」より、読み取りがいい
・重要語句の確認をするぐらいの気持ちでやれば、
かなり有効な方法

視点を中心に置けばいいのです。いわば、「目ならし」的な読み方です。

・一ページW型

一ページ一点型より、かなり文字が拾えます。そのため、一度勉強したところの重要語句を確認したい場合に有効な読み方となります。ペースは一ページ二〜三秒のつもりでページをめくります。

・流し読み型

いわゆる流し読みです。みなさんが試験直前にテキストに目を通すときの読み方です。私は別名「サラサラ読み」という呼び方をしています。これは、実は視読ではなく、速読の世界からすると「音読」になります。

しかし、これでも結構スピードが出ています。この流し読みが楽なら、これでやるとよいです。

速読の世界には、まだいろいろな方法がありますが、まずは、このうちのどれか一つを選んでみてください。要は「さあ勉強するぞ」と始める前に、目ならし（視読）をするということです。実際にやってみると、内容の理解の速さが違ってきます。

なお、どの視読にも共通していえることは、「今日これから何ページ分やるか」という目標を決めておくとよいということです。

たとえば、「今日は一時間で二〇ページ分の勉強をしよう」とまず目標ページを決めておくのです。それから単純計算をしてみます。

「一ページ一点型」なら二〇秒で視読できる計算になります。

「一ページW型」なら、約一分です。

「流し読み」なら、二〜三分間かかる計算になります。

たったこれだけの短い儀式で、内容理解はしやすくなるし、記憶の定着、固定化も促進するのですから、儀式の一つに加える価値があると思います。

なぜ「消しゴムのぜいたく」が勉強にいいのか

切れない包丁を使ったことがありますか。

あまり使わないようにしたほうがいいです。なぜなら、イライラしたり、無理したりしてケガのもとだからです。切れる包丁のほうが、かえってケガをしにくいのです。

このように人間は、ちょっとしたことでも、自分の思い通りにならないと、すぐイライラしたり癇癪《かんしゃく》を起こしたりします。

勉強に使う消しゴムもその一つです。

安い消しゴムを買うと得した気分になりますが、私の経験から言うと、ケチらないで、いいものを買ったほうがよいように思います。安い消しゴムは、すぐポロポロ割れて、消しにくくなるからです。

勉強そのものに大きな影響はないかもしれません。しかし、このちょっとしたことが、気分を害します。「ったく！」というちょっとした不快感が、やる気を阻害しかねないのです。なので、消しゴムは少しいいのをお使いください。

ちなみに、鉛筆はBか2Bの濃いものを使いましょう。

問題集に直接答えを書く場合は、鉛筆は濃いほうがいいのです。なぜなら、問題集を少なくとも五回まわそうという前提でやるからです。

Hとか2Hなどの薄い鉛筆では、つい手に力が入り、消しても跡が残る可能性があります。その点、Bや2Bは力を入れなくてすみ、消しても跡は残りません。

Bや2Bを使うと手が汚れるデメリットがありますが、それはがまんすることです。

これが「劇的にすごくなった」自分です！

今、引きこもりの人の相談を何人か受けています。彼らは、引きこもりたくて引きこもっているわけではありません。対人関係のつまずきなどから自信をなくしているだけです。モチベーションも高いです。でも、自信がありません。

では、どのようにして自信をつけていくか。方法はいくつかあります。

①人と比較しない
非常にむずかしいことですが、非常に大切なことです。人と比較するメリットもありますが、自信をなくさせる比較は自分を痛めつけます。

あくまでも人は人、私は私です。自分を見失わないことです。

②できることからやる
人から見ればたわいないようなことでも、それをやり通すことが大切です。

私は、平凡なことを続けることができたら、それは誰でもできることではないのだから、非凡なことなのだと思います。「平凡の非凡」です。平凡の非凡は、続けることに意味があります。つまり、「凡事徹底」です。これができるようになると「引きこもり」から脱出できるようになります。

③細く長く
ここに一〇〇人がいたら一〇〇通りの勉強法があります。「これが正しい勉強法」なんてありません。どんな方法でも、「続ける」ことができれば正しい勉強法なのです。価値

あることは、短い時間でもいいから、「細く、長く」続けることです。

理想は「太く、長く」です。たっぷり時間をとり、深く広い勉強をすることですが、現実はそれができないこともあります。中身の濃い勉強を長く続けたくてもできないときは、細くても長く続けていくことです。

これは「引きこもり」の人だけでなく、あらゆる人に共通することだと思います。

みなさんの成功を祈っています。

がんばってください。

おわりに

私は、著書などに何か言葉を書くよう求められたとき、「人生は出会い」と書くようにしています。

人生を振り返るのはまだ早いのですが、あえて顧みると、節目、節目には大きな出会いがあったことに気づきます。私の場合は、健康体操の寒河江《さがえ》徹先生、催眠法の守部昭夫先生、そして記憶術の渡辺剛彰先生という三人との出会いが、人生に大きな影響を与えています。

しかし、さらに細かな出会いを考えてみると、相手は人間だけとは限りません。時には名言だったり、時には本だったり、時には強い体験だったりします。

たとえば私は中学二年のとき、パラパラとめくった本で、「人間、一度死んだら二度とこの世に出てこれない」という意味の一節と出会いました。確か亀井勝一郎先生の『人生論』だったと記憶しています。

私はこの言葉に出会って、真剣に自分の死を自覚し、考え始めました。「俺はあと何日生きられるのか」と計算すると、一四歳の当時から六〇歳まで生きるとして一万六〇〇〇日あまりでした。一日一冊の本を読んでも一万六〇〇〇冊しか読めません。「たったこれだけかー」と私は愕然《がくぜん》としました。

それから私は、「このままでは人生は終えられない」と思うようになりました。「あきらめずに何かを成し遂げたい」と考えるようになったのです。

試験勉強にも同じことがいえます。

時間は限られています。

しかし、限られた時間の最後の最後まで、可能性がある限り、捨てない、あきらめないことです。奇跡は起きないけれど、捨てない、あきらめないでやり続ければ、奇跡的なことを起こすことは十分できます。

自分を信じることです。自分の可能性、自分の能力を信じることです。

本書は、心を込めて書きましたが、皆さんとの「いい出会い」になったか、勉強の応援になったかどうか、まだ多少の不安があります。ですが、前著の『図解 超高速勉強法』と合わせて読んでいただけると、意はつくせると確信しています。

どうか、がんばってほしいと思います。

最後に、執筆にあたり、企画から編集の細部にわたってご尽力いただいた編集者の吉田宏氏と、㈱経済界出版部長の渡部周氏に、心より感謝申し上げます。

なお、本書に対するお問い合わせは左記の通りです。

〒336―0921　さいたま市緑区井沼方六四二―一〇一　日本ブレインアップジム
FAX〇四八―八七五―九〇二三

また、記憶術に関するお問い合わせは、次にお願いいたします。

〒166―0003　東京都杉並区高円寺南一―三三―三　東京カルチャーセンター
TEL〇三―三三一七―二八一一

プロデュース、編集／吉田　宏
図解デザイン／齋藤　稔
校正／遠藤よしえ

〈著者紹介〉
椋木修三（むくのき・おさみ）

1954年生まれ。中央大学中退。テレビ朝日『不思議どっとテレビ。これマジ!?』、TBS『どうぶつ奇想天外』などで「記憶の達人」として紹介された実践記憶の体得者。記憶術を「才能でなく訓練で」身につけただけではなく、速読術、自己暗示法、作詞作曲など多くの分野で能力を取得。講演、研修、執筆等で活躍中。本業は日本カウンセリング学会会員の心理カウンセラーで、イメージ療法を得意とする。

日本ブレインアップジム代表。東京カルチャーセンター主任講師。ほか多数のカルチャーセンターの講師や、企業研修の講師をつとめる。

著書に『図解 超高速勉強法』（弊社刊）『記憶力30秒増強術』『１分間「成功暗示」術』（共に成美文庫）、『１日３分間記憶力再生法』（ベストセラーズ）『一夜づけスピード記憶術』（PHP研究所）などがある。

一発記憶！ 図解 超高速勉強法 2

2006年10月５日 初版第１刷発行

著　者　椋　木　修　三
発行人　佐　藤　有　美
編集人　渡　部　　　周

ISBN4-7667-8376-X

発行所　株式会社　経　済　界
〒105-0001　東京都港区虎ノ門２－６－４
出版部☎03（3503）1213
販売部☎03（3503）1212
振替00130－８－160266

印刷／㈱光邦